高校足球运动的教学设计与训练研究

岳抑波　杨喻程　著

北京工业大学出版社

图书在版编目（CIP）数据

高校足球运动的教学设计与训练研究 / 岳抑波，杨喻程著 .— 北京 ： 北京工业大学出版社，2018.12（2021.5 重印）
ISBN 978 - 7 - 5639 - 6017 - 0

Ⅰ. ①高… Ⅱ. ①岳… ②杨… Ⅲ. ①足球运动—教学设计—高等学校 ②足球运动—运动训练—教学研究—高等学校 Ⅳ. ① G843.2

中国版本图书馆 CIP 数据核字（2019）第 012539 号

高校足球运动的教学设计与训练研究

著　　者：岳抑波　杨喻程
责任编辑：申路好
封面设计：点墨轩阁
出版发行：北京工业大学出版社
（北京市朝阳区平乐园 100 号　邮编：100124）
010-67391722（传真）　bgdcbs@sina.com
经销单位：全国各地新华书店
承印单位：三河市明华印务有限公司
开　　本：787mm×1092mm　1/16
印　　张：14.5
字　　数：290 千字
版　　次：2018 年 12 月第 1 版
印　　次：2021 年 5 月第 2 次印刷
标准书号：ISBN 978 - 7 - 5639 - 6017 - 0
定　　价：68.00 元

前 言

作为具有世界第一运动美称的体育运动，足球具有非比寻常的魅力。球场上飞奔的身影，抽射入门的瞬间，灵活协调的脚下功夫，挥洒草坪的汗水，振奋人心的欢呼……这些都是吸引人们欣赏与享受足球这项运动的亮点。在竞技体育中，身体素质至关重要，而这种素养又依赖于长期的科学训练，这也直接决定了优秀的运动员需要从小培养。足球运动更是如此。世界众多足球强国都从青年抓起，世界各大知名高校都组建了本校实力强劲的足球队。

近年来，国家高度重视足球运动项目。作为传统三大球之一的足球一直是我国运动项目中的弱项。为了加强我国足球运动项目的实力，教育界与体育界联合推进了多项高校足球发展项目。换言之，中国足球的崛起需要新一代的努力与奋斗。高校足球运动的发展也就成为社会关注的焦点。除了寻找“好苗子”，科学有效的教学也是推动我国高校足球运动大步前进的根本。

本书注重先进教学理论的运用，将理念与实践融合起来，系统全面地梳理目前我国高校足球运动教学的现状，用平直的语言阐述教学训练的每一个环节。为提高实用性，本书用通俗易懂的语言论述了高校足球运动教学的研究内容与范围，让专业教师得到教学启发，使高校学生更好地理解足球运动，从而提升高校学生参与足球运动的积极性。

与世界高校足球运动教学开展的情况相比，我国高校足球运动在教学与训练过程中仍存在种种问题，诸如教学观念落后、教学内容单一、训练方法陈旧等。面对这一现象，本书主要从高校足球运动的教学设计和高校足球运动的训练研究这两条主线出发，通过细致深入的理论基础研究，分析目前高校足球运动在训练实践中所运用的种种训练方式，并将其与足球运动训练的科学评价结合起来进行综合性研究。本书第一章为高校足球运动的教学概况，深入浅出地介绍足球运动项目的基础知识，涉及足球运动的起源与发展，足球运动的特点和价值，论述高校足球运动教学的任务与要求并描述高校足球运动教学的作用与价值；第二章的论述重点为高校足球教学与训练的基本理论，首先分析高校足球教学的原则与方法，其次讲述高校足球运动教学课的组织实施过程，最后研究现代教育理念在高校足球教学中的运用以及高校足球训练的基本理论；第三章将分析的重点放在高校足球运动教学设计，包括高校足球教学目标设计、高校足球教学内容设计和高校足球教学评价设计；第四章开始从训练研究的层面出发，内容分为如下四部分：高校足球实用技术教学与训练研究，高校足球运动实用战术教学与训练研究，高校足球运动学生身心素质训练教学实践研究，以及高校足球运动教学与训练的营养与卫生保健；第五章作为综合概述章节，详细阐述了高校足球运动教学与训练的科学评价，既分析高校足球运动教学与训练的技术评价，也研究高校足球运动教学与训练的身体素质评价，同时还呈现高校足球运动教学与训练的自我评价的相关内容。

本书结构完整，内容丰富深刻，逻辑层次分明，阐述由浅至深、由易到难。笔者希冀本书可为日后我国高校足球运动教学的开展，提供一定的理论支持，为进一步推动我国足球体育事业发展贡献微薄之力。

笔者在撰写本书的过程中参考借鉴了一些专家学者的相关研究成果，在此向他们表示深深的感谢！由于笔者水平所限，书中难免会有疏漏或不足的地方，敬请广大读者批评指正。

目　录

第一章　高校足球运动的教学概况…………………………………… 001
　第一节　足球运动的起源与发展…………………………………… 001
　第二节　足球运动的特点和价值…………………………………… 004
　第三节　高校足球运动教学的任务与要求………………………… 007
　第四节　高校足球运动教学的作用与价值………………………… 015
第二章　高校足球运动教学与训练的基本理论……………………… 021
　第一节　高校足球运动教学的原则与方法………………………… 021
　第二节　高校足球运动教学课的组织实施………………………… 030
　第三节　高校足球运动教学中的现代教育理念运用……………… 037
　第四节　高校足球运动训练的基本理论…………………………… 045
第三章　高校足球运动的教学设计…………………………………… 071
　第一节　高校足球运动的教学目标设计…………………………… 071
　第二节　高校足球运动的教学内容设计…………………………… 082
　第三节　高校足球运动的教学评价设计…………………………… 084
第四章　高校足球运动的训练研究…………………………………… 095
　第一节　高校足球运动实用技术教学与训练研究………………… 095
　第二节　高校足球运动实用战术教学与训练研究………………… 133
　第三节　高校足球运动学生的身心素质训练教学实践研究……… 160
　第四节　高校足球运动教学与训练的营养与卫生保健…………… 182
第五章　高校足球运动教学与训练的科学评价……………………… 195
　第一节　高校足球运动教学与训练的技术评价…………………… 195
　第二节　高校足球运动教学与训练的身体素质评价……………… 208
　第三节　高校足球运动教学与训练的自我评价…………………… 218
参考文献……………………………………………………………… 225

第一章　高校足球运动的教学概况

目前，我国高校足球运动教学仍属于积极创新的阶段。全国上下各大高校都对足球运动教学，包括课程的设置、经费的支持、多渠道宣传引导等给予了高度的重视。为了深入研究现阶段我国高校足球运动教学的具体情况，本章节将从足球这项充满竞技魅力的运动自身出发，研究它的起源与发展；通过分析足球运动的特点和价值，帮助读者感受足球运动的闪光点；在初步了解足球运动的基本情况后，正式进入高校足球运动教学的探究阶段——讲任务，论要求，为理论与实践结合打下扎实的基础；最后一步，概述高校足球运动教学对学生、对高校、对社会的影响力及其存在的重要价值。

第一节　足球运动的起源与发展

在正式研究高校足球运动教学之前，深入了解足球项目对于后续的成果概述具有非常重要的解读作用。本节主要涉及足球运动的一些基础性理论知识，包括古代和现代足球运动的产生及发展等。下面，我们将带领读者品味一下足球运动漫长而又具有魅力的发展史。

一、足球运动的诞生

事实上，足球运动最先是从中国发展而来的，且中国足球已有很长的历史了。这一情况已在2004年被国际足联正式公布的文件确认。在我国古代，“蹴鞠”就是当时的足球运动。不过，虽然我国古代有足球，但和现代足球运动相比，共同点并不多。

现代足球，从严格意义上来说，是从英国而来的。其原因在于，19世纪60年代中期，英国11家足球俱乐部的代表在伦敦举行会议，成立了足球运动组织——英格兰足球协会，这是全球第一个足球运动方面的正规组织，并且，他们还统一了足球运动的比赛规则。他们功不可没。

到了1865年，职业足球运动兴起，英格兰足球协会承认了职业足球的合法性。因此，职业俱乐部和职业联赛在英国大量涌现，现代足球运动便从这里开始，并走上了进一步发展之路。

二、中外足球运动的发展情况

在本节内容中，除了起源以外，还有一部分内容需要我们在这里予以具体探讨，即足球运动的发展情况。由于足球运动对我们来说是平时经常能够看到的一项运动，因此，我国足球运动的发展和国外足球运动的发展都需要我们更进一步地了解。下面，我们将针对这两者展开论述。

（一）世界足球运动的发展情况

1865年，英国的现代足球运动产生以后，因被人喜爱，逐渐地，它被传入世界各地。

1863年，英国人将足球最先传入非洲。1870年足球被传入大洋洲的澳大利亚。1893年南美洲首次开展足球联赛。1894年，足球进入巴西。

因此，足球运动到现在为止，已经被传入全球多个国家。各个国家的人民都非常喜欢并且愿意花时间在这项运动上。

多年来，足球运动的技术和战术不断得到健全和完善。

1846年，剑桥大学制定了《剑桥大学规则》，暂时用于足球比赛。1863年，伦敦会议对《剑桥大学规则》进行了修改，并制定了最早的足球竞赛规则。随着时间的推移，足球竞赛规则越发完善、规范，同时足球运动的基本技术等也得到了最初的发展。

我们都知道，现在的足球运动如果从发展上来看，其发展的速度是非常迅猛的，足球运动组织在其中的作用非常明显。1863年后，一些欧洲国家相继成立了足球协会。1904年，总部位于苏黎世的国际足球联合会成立。这代表着足球进入了国际视野中，走向国际化了。因此，我们能够拥有一个关于足球运动组织的看法，那就是足球运动组织的出现，促进了足球运动的发展。

可以从足球比赛的不断进行中看到足球运动的发展轨迹，这是足球运动一直在不断发展的一个不可或缺的反映渠道。1872年，英格兰和苏格兰双方展开了一场足球比赛，据悉，这场足球比赛是足球运动史上的第一次正式比赛，它就是所谓的泛英足球比赛。到现在为止，国家与国家之间或各国内部的足球运动比赛变得越来越多，不少热爱足球运动的人都会直接到足球比赛的场地，现场去观看足球比赛，为运动员们加油助威。国际足联于1928年做出了一个决定：每四年举行一届世界足球锦标赛，并设立了“金女神杯”（流动奖杯）奖给冠军；三次夺得冠军的国家队，可一生都将此杯留给自己做纪念。世界足球锦标赛即为今天我们所看到的世界杯。巴西队曾卫冕三次冠军，那么就一生都留有此杯。今天世界杯的奖杯并非“金女神杯”，而是“大力神杯”，它被规定一直都要流动。一直到现在为止，世界杯足球赛共举行了21届。最近一届是去年在俄罗斯举行的。

总的来说，足球比赛一直延续下去，让足球运动有机会朝更好的方向发展，提高了其影响力。足球运动越来越职业化。不少国家都将足球运动引入其自己的国家职业联赛之内，如英超、西甲、德甲等等。足球运动的国际影响力不断提升，足球明星运动员，人才济济。因此，足球运动的前景光明，它具有很强大的生命力。

（二）我国足球运动的发展情况

介绍完世界足球运动的发展，或许每位读者对这部分内容已经有了非常清楚的了解。下面，我们来一起看一下我们国家足球运动的发展。

20世纪初，足球运动传入我国。当时，有不少高等院校会进行足球运动。即便如此，因为旧中国政治局势动荡不安，社会经济比较落后的缘故，我国的足球运动发展得相对慢些，相对于西方足球运动的水平来说较低。

自1951年以来，党和政府一天比一天重视足球事业。在这一过程中，我国发生了不少足球领域的大事件。为使各位读者能够更好地认识这部分内容，我们将1951年以来与足球事业有关的大事进行了整理，如图1–1–1所示。

与国际水平相比，我国足球运动水平的差距很大。但是，即便我国足球运动水平需要提高，也并不代表我国在这方面没有成绩。1996年，中国女子足球队获得第26届奥运会亚军。2002年，我国男子足球队首次打入世界杯决赛，实现了足球冲出亚洲、走向全世界之梦。最近几年，我国国家足球队在国际赛场上的表现不是很令人满意。这不利于我国足球运动的长远发展。所以，怎样提高我国足球运动水平是我国足球运动教学面临的一个重要问题。

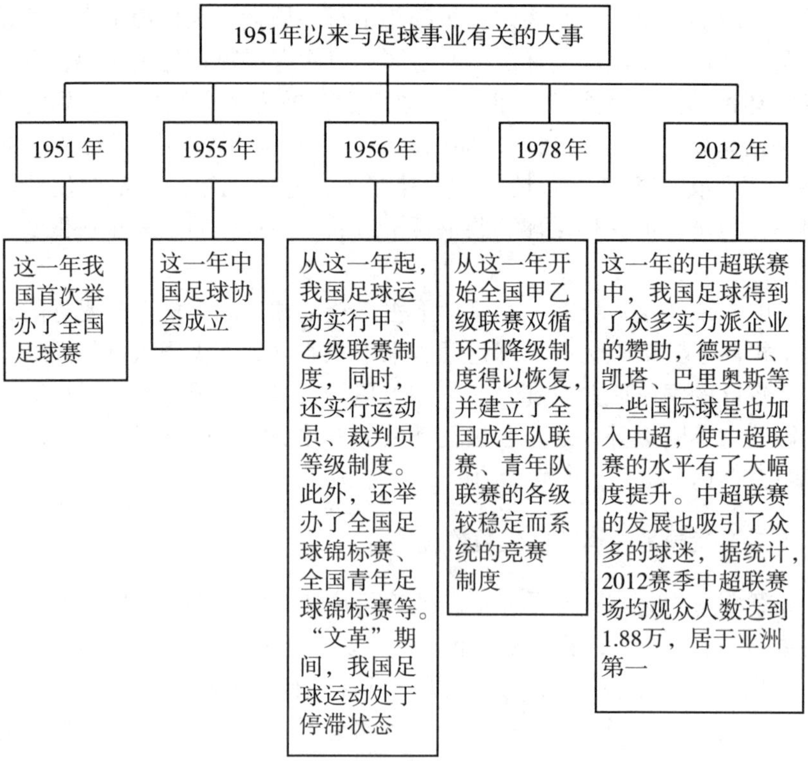

图 1-1-1　1951年以来与足球事业有关的大事

（据《现代高校足球运动理论与技战术技巧研究》，车岳峰，2018年）

第二节　足球运动的特点和价值

四年一届的世界杯是足球比赛中最高规格的赛事，几乎受到全世界人们的喜爱。为什么足球这么受人喜爱呢？本节主要从足球运动的特征和价值两个方面来对足球运动展开论述。笔者希望通过对基础知识的介绍，使读者能够进一步知道足球运动的魅力所在。

一、足球运动的六大特点

通过很长时间的分析和研究，我们对足球运动的特点进行了基本概括。足球运动主要具有以下六个特点。

（一）对抗性

足球运动的对抗性是异常明显的。就是因为比赛双方之间必须争夺球权并进球，才能有机会得到分数并获得胜利，没有进球谈何胜利。特别是在罚球区周围，双方对球的争夺会异常激烈。在大部分的比赛里面，双方队员因为要争球权，会多次倒在地上，这也是对抗性的一种表现。

（二）观赏性

在现代足球比赛中，足球的飞向不能预料，比赛过程扣人心弦。足球比赛的观赏性可以从三个方面体现出来。为了使各位读者能够更好地知晓这部分内容，我们同样进行了整理，如图1-2-1所示。

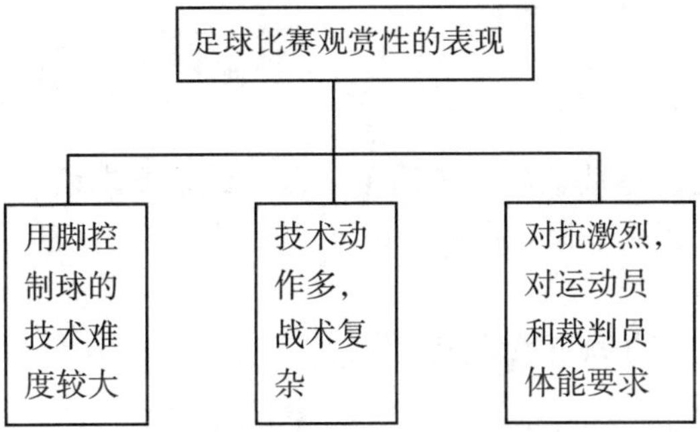

图 1-2-1　足球比赛观赏性的表现

（据《现代高效足球运动理论与技战术技巧研究》，车岳峰，2018年）

因为双方对抗非常猛烈，很难判断出来最后谁会赢得胜利，所以对台上的观众来说，惊心动魄的程度不亚于自己上场比赛，具有极强的观赏性。

（三）整体性

我们也许以前就知道，整体的攻守，有组织、以整体为单位进行比赛会更容易获得比赛主动权，也更有利于比赛结果向利于自己的方向发展。不这样的话，各自为政，是不会获得满意成绩的。足球队中的全体队员在比赛中，思想和行动需要保持一致，保持整体性；不然的话，对提高整体意识意义不大，也不会对比赛成绩的提高起到很强的帮助效果。

（四）多变性

因为不能够提前判断胜负，所以足球运动更受到大众的欢迎和喜爱。

足球运动员在赛场上常常因对手干扰、抵抗而出现大的、小的意外，除了这个以外，还会受到比赛场地环境、看台观众热情程度等的影响，因此比赛结果是没那么容易判断出的。所以，多变性成为足球运动的主要特点之一。

（五）艰辛性

足球运动对运动员的身体素质有很高要求。比赛的时间长，需要运动员的体力跟得上，在一场比赛中，运动员要一直连续不停地跑，还要完成不少技术要求很高的动作。若有点球的情况，运动员就会变得更累。我们从这里能够知道，在一场足球比赛中，运动员会耗费大量能量，这对运动员的体能要求只能高不能低，很多比赛过程中教练员换人的一个重要考虑就是足球运动员的体能情况。据相关统计数据表明，足球运动员踢完一场比赛，会降低2～5斤的体重。

（六）易行性

足球运动的易行性就是规则简单，器材设备要求低、人数限制少。因此，足球运动开展起来相对容易一些。

二、足球运动的五大价值

经过长期的分析和研究，我们对足球运动的价值做出了总结，主要归纳为以下五个方面。

（一）教育价值

足球运动有一个价值需引起我们去注重，即教育价值。在某种程度上，足球运动属于特殊教育形式之一，或许对足球不熟悉的人很难去发现这一点。因为足球场上的局面复杂多变，足球比赛的攻防转换迅速，稍不注意就可能错失进球或者给对方好球让对方进球，因此要求足球运动员注意力、思维能力、感知力都应集中并且能随时调用。同时，整体攻防意识有利于足球运动员集体主义精神的形成，进球意识有助于足球运动员拼搏进取的品质得到锻炼。

（二）文化价值

事实上，透过足球运动，人们能够观察到某一民族的内涵和文化素养。换句话说，足球运动是民族基本特征和精神风貌必不可少的反映之一。

显然，足球运动包含丰富的民族文化内涵，民族文化是推动足球运动风格形成的一个必不可少的条件之一。

（三）健身价值

健身价值是足球运动价值中相对突出的一个价值。就是因为在踢足球时消耗大量热量。据了解，日常会去踢足球的人，其身体素质相对一般人来说都比较高，体质较强，身体器官功能也会更好一些，故而常参加足球运动的人的健康水平高。这也是现在有很多人都鼓励推动足球运动的一个主要因素。

（四）经济价值

随着时代进步和社会发展，足球运动也一步一步向职业化、产业化方向发展，因此它可以带来很多经济利益，比如足彩就吸引了不少彩票爱好者。足球产业受到不少西方国家的重视，这是由于它能经广告、电视转播等方式创造利润，同时也能让与足球相关的市场形成并进一步发展壮大。另外，大量的就业机会来自足球运动的进行，并且足球球迷市场广阔，而且还有发展空间，一代又一代球迷接踵而来，任商家开拓。由此可知，它在很大程度上让国民经济能更好更快发展。

（五）社会价值

在足球运动的各种价值里，社会价值是最重要的一个价值。足球运动自带很强的影响力，得到各国人们的喜爱，很少有哪个运动项目像足球那样受全世界人们的追捧。

大家知道，足球比赛好处良多，不仅能传播国与国、地区与地区、俱乐部与俱乐部之间的友谊，还能顺势展示民族风貌，进一步促进国际之间的体育以及其他文化的交流，为全球和平、稳定、和谐做出贡献。到现在为止，全民健身运动越发流行，足球赛事也越发增多，这对健康文明、民主和谐社会环境的创造，有很强的示范效果。对于大学生来说，社会适应能力可以在参加多次足球运动后得到迅速提升。

第三节　高校足球运动教学的任务与要求

高校是培养足球运动员和爱好者的重要场所。为了达到大力发展足球事业，培养优秀运动员的目的，各大高校需要了解、理解高校足球运动教学的相关内容，如教学的任务和要求，只有了解教学任务，才能使师生真正领悟足球运动教学的重大意义；而理解高校足球运动教学任务可以保证高校足球运动教学活动科学有序地开展，为足球运动教学的创新发展提供理论价值。在此基础上进行的足球运动教学研究，才可具备实际意义。

一、高校足球运动教学的重要任务

高校是培养优秀足球运动员的最佳场所之一，而高校的足球教学在本质上也是一个具有完整性和系统性的教育过程。在高校的环境影响和资源的运用下，专业教师作为运动项目的指导者，可以帮助学生积极投入足球运动的学习和训练当中，激发学生的训练热情，从而使学生更容易掌握足球运动的基础理论知识和技术战术方式等。除此之外，科学开展足球教学活动还具有开发学生智力，促进学生身体素质、机能以及形态全方面发展的作用。在积极向上的足球项目影响下，学生可以感受运动的魅力，并在运动过程中形成正确的人生观。下面将对高校足球运动教学的重要任务进行具体阐述。

（一）培养高校学生身体素质

高校时期是大学生身体发育的关键期。从运动生理学的立场看，处于青春发育期的大学生机体本身就比较特殊，具有以下特点：

①呼吸系统较弱、呼吸肌力也不是很强，呼吸浅，但是代谢方面特别旺盛，有更多的氧会更好一些，其呼吸频率较快，需要的氧量会比其他年龄段人群更多。

②身体协调能力差，身体各部分肌肉发展不均衡，动作表现不够准确，下肢灵活。

③注意力易分散，但神经过程的灵活性高，易疲劳但是疲劳很快就能消除，恢复快，建立条件反射快。

如果以运动训练学的立场来看，人体的身体发展中各项身体素质发展相对集中，尤其是在高校时期。其原因在于，高校足球教学能够尽可能地满足大学生生理发育特点，并会更好地促进他们身体素质的提升。进行高校足球教学能够让大学生的身体进一步正常生长发育，让大学生的身体的抵抗力以及对外界环境的适应能力等得到显著增强，起到了明显的积极效应。

（二）提高高校学生参与足球运动的能力

学生作为高校足球教学中的重要角色，其参与度直接影响足球运动教学的最终效果。兴趣是提高学习效果的最佳“助攻”。因此，在教学中，激发学生的兴趣是深入开展教学工作的有效途径，足球运动教学也不例外。专业教师在理论教学与实际训练中，培养学生对足球这项竞技体育项目产生浓厚的兴趣，可以帮助学生更快理解与掌握足球运动的相关理论知识，更好地享受足球赛事的运动激情。与此同时，通过足球运动教学，学生的智力水平和知识结构也可以得到进一步的提升，足球运动教学最终可达到拓宽思路，开阔眼界的作用。

①高校老师在教学生足球战术的时候，应尽可能先易后难，循序渐进地教，让学生边学边练，以尽快掌握理解足球是怎样攻守的，使其有机会能在实际踢球的时候想到战术并灵活去运用战术踢球，让学生能够在比赛的过程中不断得到成长、并且也提升他们对比赛的驾驭和控制能力，提升他们的自豪感、成就感。

②在足球技术的一直连续发展的现在，足球已向“全面、快速、娴熟、简练、强对抗”的方向发展，在这样的要求之下，高校足球怎样教会更好一些呢？一般情况下，教师应会在学生生理、心理和智力特点的基础上，把足球技术和趣味性等相结合，对学生学习足球运动来说会更好一些，因为这会使其有更强烈的学习足球运动的兴趣。

（三）促使高校学生德、智、美素质的综合发展

近年来，我国大力推动素质教育。除了智力的开发，高校学生在德育和美育方面的素质培养也是高校教学的重要工作。虽然足球运动教学与人文学科的教学侧重点不同，但其在促进学生智育、德育和美育全面发展上同样发挥了重要的作用。

1.足球运动教学的智育任务

通常而言，智力包括的因素多样，除了有记忆力、分析判断力，还有想象力、思维力等多个方面的能力。身体素质的提高会增强其自身的智力。高校学生学习足球运动知识，锻炼运动记忆，学习锻炼过程中教师对其训练行为及成果做出评价，尽可能全面地让学生智力进一步增高。这不光是智育所要完成的任务，同时也是足球运动教学的一个重要目标。足球运动教学的智育任务涉及以下四个方面。

（1）记忆力的训练

足球运动教学可以带动人的记忆力提高。为什么这么说？其原因在于以下两点：第一，足球运动教学需要在足球场地进行，而大多数足球场地都在户外，因此，足球课堂上的理论教学就相对少一些，因此要求学生能对教师所讲述的足球理论知识迅速消化、记忆，同时可以在短时间内形成最初的印象，这就相当于在足球教学过程中训练了记忆的敏捷性；第二，足球的技战术是一项连续性强的活动，一环扣一环，一个战术接着一个战术，什么时候该用哪个战术都需要有一定的理论记忆能力，这是足球练习和比赛成功的一个不可忽略之处，由此可知，学习足球技战术也能够让学生的记忆力得到提高。这里，高校足球运动教学主要培养学生正确运用自己记忆力的能力。

（2）观察力的培养

足球运动对运动的瞬间反应能力和判断能力要求都非常高。因此，足球运动教学在观察力的培养上自带强效应。在教师进行足球运动教学的时候，学生在看，学生看完后自己要做，自己做的每个动作，都是之前观察教师动作的后续行为，同时在实际比赛的过程中，足球队员还要依照对手的变化，做出瞬间的判断。所以，高校足球运动教学在培养学生观察力方面要求是挺高的，是能够培养学生观察力的。

（3）带动思维力的提高

人的大脑分为左脑和右脑，据科学表明，二者的工作方式是不一样的，左脑基本上只负责伦理、分析，右脑基本上对情感与意志这些负责。高校足球能够在一定程度上帮助带动学生创造性思维力的提高，对学生思维力的提高具有非常积极的作用。

首先，在进行高校足球运动的教学过程中，学生很多时候需要迅速思考各种问题、情况，因此学生在进行运动的时候一定要很快地预断情况并选择正确的处理方式，并通过多次训练，不断提升思维反应速度。

其次，在踢球时，对于场上各种情况的分析和判断在某个时间点都可以看成相互间独立的一个介质，长时间练习，必然会带动学生的独立性思维力的提高。

最后，在比赛不知道什么时候会发生意外的背景下，比赛双方都以制约对方为目的，这时，如果能找出一些新方法，出奇招应对场上双方势均力敌的状况，就会更有机会赢得比赛胜利，同时也有机会让学生的灵活性思维力得到充分锻炼。

2.足球运动教学的德育任务

由于足球运动本身就自带教育性这一不可或缺的重要属性，因此高校足球运动教学是不可能脱离高校德育独立存在的，双方密切关联。具体而言，足球教学的德育任务主要有三点。

①高校足球训练要坚持不懈，而且负荷量大，学生一定要战胜很多困难，才能获得自己满意的效果和成绩。为什么这么说，在高校足球运动教学中，学生如果意志不坚定、克服不了困难，往往就会半途而废，只有以坚定的意志和顽强的毅力克服和战胜足球运动中遇到的各种困难才能达到自己目标。所以，高校足球运动的教学，能够让高校学生的意志品质得到培养和锻炼。

②因为足球规则很严，学生一定要有合作意识，个人要服从集体利益，才能正确地处理个人和集体之间的关系，加强组织纪律性，让比赛赢的概率更高一些。因此高校足球教学在带动学生的组织纪律性提高的同时，也能顺便带动学生良好的道德意识的不断升高。

③如果想要赢得足球比赛，和足球比赛上场的运动员之间有没有的很好的团队合作意识关系很大，以想赢的但却健康的情感为基础统一行动，是足球运动员双方共同责任感、荣誉感的进一步升华。所以说，能够促进大学生集体主义精神的更加牢固和深刻，是高校足球运动教学任务的一个重要内容。此时情感在其中起“线索”作用。

3.足球运动教学的美育任务

体育美是体育运动所展现出来的一种美。如今，多数人进行体育锻炼，如“全民健身行”等活动，从个人角度来讲，都是想要获得体育运动所带来的美。体育美除了包括体育所带来的健康美，还包括体育运动本身的运动技术所展现出来的美，以及所带给个人的意志方面的美，如坚持不懈、勇夺冠军等。健康美是体育运动最初心的美，但也是最基本的一种美；技术美是人体美和动作美的综合体现，体育运动展现出来的运动技术的美能够使人在赞美的同时愉悦身心；意志美基本上说的都是体育运动精神方面以及体育运动原则所能给人带来的美感。

具体来看，足球运动的美育任务基本上可以通过在进行足球运动教学时使大学生知道如何感受美、清楚如何鉴赏美来实现。

（1）培养学生感受美的能力

美自带形象感染性，没感性认识，也就无法真正意义上获得审美的感知。因此，教师在高校足球运动教学中要正确引导学生的意识倾向，鼓励学生要多运动，要多花些时间去感受运动中的美，并注意保护好学生的感觉器官，让学生在以后能够积极、健康地参加审美活动。

（2）培养学生鉴赏美的能力

作为一名高校体育专业教师，如果他能在体育教学的时候，在竞技常识中加入一些美学知识，不仅会让学生获得更直观的美的感受，还能更好地让学生感受竞技技术的美，高校足球运动教学也是如此。在进行足球运动教学时，教师需要完整地向学生传授足球知识，目的是希望能够培养大学生在视觉上的运动美感，让学生在经过亲身参与足球运动后，能自然而然地提升鉴赏美的能力。

首先，在高校足球运动教学实施美育的过程中，使学生锻炼出健美身体，使他们拥有健康审美观会更有利于他们之后的足球运动。

其次，在高校足球运动教学实施美育的过程中，除了需要让大学生多发展一些自己的运动兴趣与爱好，让学生有不错的文明体育行为，同时也要让大学生能够鉴赏到足球运动的美，同时能够将足球运动的美表现出来，这样不仅有利于学生创造美，更有利于学生提升踢球的兴趣和信心。

二、高校足球运动教学的基本要求

（一）增强体质与促进高校学生全面发展相结合

经过高校足球运动教学，学生能够增强他们自身的体质，同时也能够在专业教师的相关指导下，带动自身多方面能力的提高，比如可以增强学生的心理素质，同时可以锻炼他们的反应能力，提升他们的智力水平，同时也有利于他们美育能力的增强。具体而言，高校足球运动教学，以学习为主要方式，通过不断学习，使学生体质得到训练，让学生走向全面发展之路。

1.丰富多样的教学内容和方法

高校足球运动教学的各个阶段，需要在充分了解大学生身心特点与个性特征的基础上进行教学，比如说在准备阶段就要摸清学生的体育擅长与不擅长之处、实施阶段就要根据准备阶段的信息来有针对性地实施教学等。教学方法不能太过单一，最好能够运用多样化的教学方法和手段，让大学生能得到全面的发展。

2.合理制订高校足球运动教学工作计划

教师在制订工作计划时，除了要保证大学生体育锻炼能够全面促进他们的身心发展，还要结合足球运动的特点，突出足球运动教学的特色。

（二）感觉、思维与实践的有机结合

足球运动是一项综合性运动，它将会使足球运动的参与者集感觉、思维和实践三者于一身，会让参与者感觉足球运动所涉及的东西包括这三者，以便足球运动的参与者能够更灵巧地处理足球运动中遇到的各种情况和问题，迅速展开分析并做出正确判断。由此可知，高校足球运动教学需贯彻以下两点。

1.有针对地运用直观感觉手段

因为学生主体不一样，不同主体又各自有其特点，并且足球运动的各种技术表现也不一样，因此足球运动老师在进行教学之时，要在事实情况的基础上，依照学生水平来调整教学方式，如采用示范、图像等直观手段来教授水平较低的学生，若是反过来学生水平本身就很高，那么就能使用很专业化的词语去描绘技术动作了。

2.科学处理感觉、思维与实践的关系

在进行高校足球教学时，教师要知道直观教育方式对部分学生学好足球动作有很大的帮助。同时，这也需要学生提升运动方面的思维，发散自己的思维并积极思考，而不要只会简单模仿、重复。对于学生自己而言，还要培养发现问题、解决问题的能力，这对其自身也是百利而无一害的。

（三）教师的主导性与学生的能动性相结合

1.坚持以教师为主导

在高校足球运动中，为了在很大程度上带动教学质量和效果的提高，以达到提质增效的目的，教师应始终注重自身教学水平和专业素质的提升，这是教师教学的根本，同时，教师作为学生的老师，也应在其他方面教学生以知识道理，如果教师的学识能够非常丰富，技术颇为全面就更好不过了。另外，教师还应该在进行教学的时候给学生以启发性和创造性，让学生的学习更有意义。

2.树立科学的教学观

在高校足球运动教学中，要处理好师生之间的关系，学生应尽量听老师的讲解，教师也应尽心尽力教授足球知识，让教师与学生各自的积极性都能够得到充分展现。同时要注意不能太过于偏向教师或太过于偏向学生，这两种片面教学思想和观念都是不可取的。

（四）循序渐进与系统性的有机结合

高校足球教学应具有渐进性和系统性。首先，教学规律要求教学的具体内容由易到难。其次，足球教学分不同的周期，一个周期中还可以细分为好几个阶段，各周期和阶段的教学任务是不一样的，教师应知道并注意各周期各阶段内容的互相关联和承接。

1.练习手段和组织方式的调整

在进行足球技战术练习时，首先，先让学生模仿，等学生熟练后，再根据实际情况展开实践训练，有一定的能力和素质后，然后让学生之间进行小型比赛，到了最后，学生已经学习基本技战术后，让他们进行全场范围内的比赛，并伴以相应的每日整体训练。

2.对抗程度的调整

足球的技战术练习一定要从最初的无对抗到之后的有对抗，初期因技战术不具备所以没办法进行有对抗练习，有对抗才是训练的主要目的。同时对抗方面也要从最开始由弱对抗到强对抗，足球赛场竞争激烈，是一项充满对抗性的运动，只有强强对抗才有机会取得胜利，最后要进行足球实战以检验并看情况决定是否对对抗内容做出修改。

3.运动负荷的调整

运动负荷的安排应当波浪式的一步一步往上提，在进行安排时，有一点需要教师特别注意，那就是教师一定要自己先把握好运动负荷和身体恢复之间的关系，以防运动负荷过大或过小。

4.教学内容的调整

教学内容需要根据实际情况随时调整，以足球的技术学习为例，可先从传球开始，传球学会了再学习接球，接球学会了再学习定位球等，在掌握基础学习的基础上，再学习其他技术，如学习长传球和过顶球技术等。

（五）综合性与实战性的有机结合

称足球运动为综合性运动的原因有很多，最直观地看，足球这一项运动结合了技战术、身心素质等多方面。教师还要充分参考足球竞赛的实际规律和现实中经常会遇到的问题，在足球运动教学的时候就将其融入里面，模拟实战的同时，带动练习实战性的增强。下面将从四个方面对其展开具体论述。

1.技战术与意识的有机结合

足球需要意识，正如拳击需要力度。所以，在进行足球教学的时候，教师如能依照足球比赛的客观规律来设计和组织练习，有针对性地促进学生良好的足球意识的养成，这样能更容易使教师带动学生技战术能力和悟性的提高。

2.技战术的合理搭配

在教学过程中，教师有必要根据实际比赛情况把不同足球技战术结合起来搭配学习，并在学生的水平高低基础上决定技术搭配的多少和搭配难度。

3.技战术与对抗能力的有机结合

因为对抗能力对于足球技战术来说，是其能否很好运用的根本保证，教师应看学生技战术是否能够熟练掌握，如果学生能熟练掌握，那么就应该往其中加入一定的对抗性因素，即所谓的能加就加，这也更有利于学生足球运动的实战。

4.在模拟实战中练习技战术

在足球技战术练习中，教师应多注意模拟实战练习的安排，如果能多安排一些模拟实战的练习，那么就能让练习更好地为比赛服务，带动学生积极性的不断提升。

第四节　高校足球运动教学的作用与价值

正因足球运动教学具有没有办法替代的重要作用和众多价值，全国各大高校才可以专注于教学工作的开展。为更好地探究高校足球运动对高校和社会的影响，本节将重点研究高校足球运动教学的作用和价值。为本章的理论层面研究，画上完美的句号。

一、高校足球运动教学的三大作用

为了进一步研究高校足球运动教学的重要作用，下面主要从三方面对其进行介绍，首先是高校足球运动教学和高校教育之间的关系方面，其次是高校足球运动教学和我国体育事业之间的关系层面，最后是以高校运动足球教学和高校校园文化生活的关系为出发点进行的讨论。

（一）高校足球教学是高校教育的组成部分

我国《体育法》第17条明确规定："教育行政部门和学校应当将体育作为学校教育的组成部分，培养德、智、体全面发展的人才，体育作为学校教育的组成部分，已纳入法规范畴，得到法律的保障。"

因为社会在持续向前发展，因此对人才的需求也越来越多，但要求也随之升高，这时候的高校教育如果想取得更深层次的发展，便需要有新的作为，高校教育在此基础上对人才的培养也提出了新的要求。具体来说，高素质人才需要具备的基本素质如下：

①身体健康、文化素养高。

②思维能力和应变能力强，有理想、有道德。

③坚持拼搏、勇于奋斗，能够不断向前，具有很强的竞争方面的意识。

④拥有社会合作意识。

另外，因足球运动受高校学生喜爱，高校学生学习足球时候的热情相对来说非常高涨。从此立场而言，高校足球运动自带广泛的生源基础。

高校足球教学作为高校教育教学的一个重要内容，如果能够在进行教学时，遵循高校足球教学的普遍规律，那么会更好地针对大学生的身体、心理特征，在不同渠道中，带动学生体质的增强，到最后起到让学生身体素质能进一步全面发展的作用。

（二）高校足球运动教学促进我国体育事业的发展

从高校体育的发展来说，高校体育属于国民教育重要的一环，如果能够搞好高校体育，不光能让高校教育取得更为长远的发展，也会为我国体育事业的发展贡献一份力，促进我国体育事业更好地发展。

在我国，经学校教育，能够基本确保不同年龄的人口有基本的体育活动时长，这就使我国有机会从根本上改变我国人民的体质，带动我国人口素质的不断增高。高校体育是我国体育后备人才培养的不可缺少的形式之一，尤其是竞技体育的不断发展以及受众越来越广泛，这就要求展开科学训练和比赛时，运动员一定要拥有很好的体力和智力，才能持续带动运动技术水平的提高。

高校足球运动教学是高校体育教学不可缺少的一部分。它能够发挥大学生在体能和智能方面的优势。在教学过程里，通过教师每节课对学生的不断指导，学生可以培养体育锻炼习惯，同时还能学习很多的体育知识和技能，带动运动能力不断上升。高校足球运动教学为我们国家足球事业的发展不断作出应有贡献，意义非同小可。

（三）高校足球运动教学丰富校园生活、建设校园文化

如今，社会生活节奏加快，青年人压力越发增加。学生背上压着学业庞大、就业困难、生活不易等多个压力。这时候就需要有丰富的课余文化生活和课余体育活动来放松他们的身心。课余体育活动一直在校园文化建设中承担重要功能，可以对校园文化多样性建设和生动的校园文化氛围起到一定帮助，是校园文化的主要组成要素。

另外，丰富的体育活动能够让高校校园充满活力和生机，并以其多姿多彩的方式，成为建设校园文明的不可缺少的一种形式。高校校园是高素质的文化领域，高层次的文化园地。高校的足球运动可以在一定程度上将其自身所具有的丰富校园生活、建设校园文化的作用体现出来，主要含有以下几点。

①高校足球运动能够使大学生的课余生活丰富不少，随着社会的进步，高校课余体育的积极因素越多，对学生身心向上推进的影响作用愈发明显。所以，课余体育在高校教育里面是不可缺少的，它是高校体育教育的另一主阵地。课余足球运动为学生在课余时间里使身体得以变得更好，并提升体质、增进运动技能提供了机会，除了让学生自己的业余文化生活变得多姿多彩，也让学生在相对来说比较轻松的氛围里面学习或巩固体育的基本知识、技能，让学生能够养成较好的品质，使学生的个性能够得到发扬。高校足球运动还可以让校园文明建设更上一层楼，给大学生身心健康发展准备一个更加良好的环境。

②在精神层面，高校足球运动将正确引导学生健康文明生活，抑制精神污染，防止和纠正不良行为。

除了上述作用以外，在参与足球运动的过程里，学生的体能将得到极大程度的提升，学生的智能也能进一步发展。同时，经常有竞争，有比

赛，可以让大学生思想品质得到锻炼和加强，并提升他们的集体主义精神和进取精神。

二、高校足球运动教学的三大价值

（一）教学功能方面的价值

高校足球教学的功能主要包括：第一，继承的功能，传递前人在足球运动方面的知识、经验；第二，发展功能，主要是让大学生身心能通过体育得到进一步健康发展。

在实际教学的时候，足球运动教学还会与大学生能力的培养挂上联系，足球运动教学如果教学方法合理，其一般也会获得相对比较好的教育教学效果。

综上，如果仅站在教学的功能的立场上看，体育教学的基本价值可以表现为以下几点，即助益学生知识能力的获得与发展。一直到现在，足球运动受传统教育的影响，在我国高校发展的速度和质量都不令人满意，高校足球运动更多是在一种外部繁荣内部无序的状态下发展的，其蕴含的教育价值还需要去进行进一步的发现。

（二）素质构成方面的价值

什么是人才的素质构成，一直到现在为止，都还没有一个明确的界定。一些学者觉得，人才的基本素质构成内容主要有五个方面的内容：第一是会做人，第二是会求知，第三是会生存，第四是会创造，第五是会健体。还有一些学者觉得，人才的素质构成即德、识、体、才、学。现在先不说上面两个概念是不是正确的，或者是不是全面的。

笔者认为人才的素质基础：第一是知识，第二是能力，第三是品格，第四是方法，第五是体格。由于人才素质的构建是各科教学的共同目标，同时，科目有不同侧重点，这些侧重点共同体现出它的本质特征，因此高校足球运动教学对于让大学生素质构成更加完善具有不可或缺的价值。

①高校足球运动教学作为一个发展身体，带动体质增强，使身体得到知识、技能、技术的锻炼的一个过程，功能众多，除了上面提到的之外，还能够使道德与意志品质得以提升，教育功能速显。它在学生素质构建中能够具有其他体育教学活动所具有的相同功能。

②高校足球教学能促进大学生情感意志的发展以及良好品格的建立。因为高校足球所具有的开放性，使高校足球运动在促进大学生意志、品质

提升的时候更加灵活一些，在不知不觉的足球运动中大学生的意志、品质便得到提升，优势可以说非常明显。

③高校足球教学有其他学科所不能替代的一个功能，那就是为大学生科学锻炼身体提供理论和方法的指导，带动其体质和健康水平的提升。

（三）知识形态转化方面的价值

知识价值是高校足球运动教学最明显的价值之一。知识涉及以下两个层面的内容：第一个层面，知识是对特定对象的客观反映，最明显的例子就是科学，如科学概念就是知识的一种；第二个层面，知识是知识创造者自身经验的集合。这就需要教师不能脱离实际，必须结合学生的现实情况去教学，并经高校足球运动教学活动让学生获得前人知识精华，这也是一切教学活动都具有的特色和价值之处。

第二章　高校足球运动教学与训练的基本理论

理论指导实践，在高校足球运动教学中，正确掌握和运用教学和训练的基本理论，有利于教师加强对足球运动的认识，提高教学和训练的效果。本章将从高校足球运动教学的原则与方法，高校足球运动教学课的组织实施，高校足球运动教学中的现代教育理念运用，以及高校足球运动训练的基本理论四个方面来全面研究足球运动教学的理论基础。通过概念的阐述、方法的解读、组织实施的呈现、理念的综合运用，以及理论的分析，帮助读者深入理解高校足球运动教学与训练的方法论。

第一节　高校足球运动教学的原则与方法

本节重点论述高校足球运动教学的重要原则与基本方法。通过详细的论述，使读者从各个方面理解高校足球运动教学本身。其中高校足球运动教学原则涉及六大方面，部分内容与人文学科的教学原则相似，但又有独特的体育项目的教学原则。另外，全面阐述高校足球运动教学的九大方法，不仅可以让教师根据实际教学情况来选择合适的教学方法，而且还能够让学生了解各种教学方法的理论知识，提高高校足球运动教学的互动性。

一、高校足球运动教学的原则

（一）直观性原则

在足球运动教学中，直观性是最为重要的原则。这是因为足球运动本身就是一项体育运动，需要调动身体的各项机能，灵活控制肢体动作，所以教学本身也需要更加直观，便于学生领悟动作要领。具体而言，直观法涉及众多方式和手段。通过直观法进行的足球运动的动作内容和技术形态更加生动性和形象化，能够有效提高教学效果。

对初接触足球运动的学生，足球教师往往将直接示范作为教学的重要方式。当学生达到一定水平后，教练员可采用图解方式、录像方式、直接观摩优秀足球运动员的比赛等方式，结合专业性的讲解进行教学。另外，足球教师也可通过对学生动作技术的观察分析，经过与学生进行研究讨论，启发他们的积极思维活动，并逐步让他们完成足球的各个动作。高校足球教学中常用的直观教学方法有动作示范、沙盘、电影、录像、技战术图片演示等。

另外，在遵循直观性原则的时候，以下几点也需要引起注意。

首先，心里要清楚教学要教什么，教完后要达到什么水平，做到心中有数，同时不能脱离教学中要完成的具体目标、教材情况和学生状况去教，而是要有目标、有针对性地，用最直观的方法去教。在面对水平较低的学生的时候，最好能比平时更细心、耐心一些，多示范几遍，如果直接示范的方法不好使，可以换一种方法，换图或者换录像的方法也能起到一定效果，同时，要随时纠正学生在学习时候的错误动作，至少要能保证动作规范才行。

然后，尽可能地去将学生的听、看以及身体肌肉等本身的感觉参考进去，这样能很大程度上帮学生更为深入地理解足球的技战术，更能提升学生的学习兴趣，提高他们对足球运动的喜爱。

通常，因为每位学生的身体方面的具体情况以及技战术方面的具体能力是不同的，教师在进行教学的时候，教学内容也应有所差异，所以在足球运动教学中要根据客观规律和实际情况进行教学，既有利于调动学生学习足球运动的主动性，也可以有效地发现和培养有前途的学生往足球方向发展。

最后，教师可以在进行教学时主动地去阐明所教的事物的原理，让学生有所想而从思维层面渐渐领悟。学生正确表象的培养非常需要思维方面的积极活动，因此在实际教学中要坚持去想办法启发学生的思维，并让学生的思维能力和技战术练习活动紧密结合起来，以此来增强自己所教的教学质量和整体的教学效果。

（二）对抗性原则

因为足球运动本身就有非常明显的对抗性，进行高校足球运动教学也肯定会需要将足球运动的对抗性予以贯彻落实。在足球竞赛里，攻防对抗一直是运动所需要的主要精神，足球运动离不开队员之间的攻守转化。世界足球运动项目的发展可谓极为快速，不过随之而来的是足球运动的对抗性也变得越来越激烈。

高校足球运动教学要求贯彻遵守对抗性原则，希望教师可以静下心来，有效地、长期地去研究足球运动攻守对抗和转化的基本规律。在进行足球比赛的时候，足球场上的进攻与防守二者一直都会是矛盾的，双方彼此都影响对方，互相进行着制约，但同时却又相对应而存在。在教学时，想要落实对抗性原则最好能做到以下几点。

首先，在教学的具体进度和实际课时安排进行制订之时，教师要能够很好地去协调进攻与防守教学的内容以及进攻、防守双方之间的关系，让足球攻守的场面尽量可以同时出现。

其次，在对教学方法进行设计的时候，教师一定要综合一下练习的方法。比如，可以用防守来对进攻进行制约，同时让进攻技术也能顺便得到提升。另外，还能够控制进攻，用进攻去制约防守，最后也让防守技术得到增强。如此反复几次有意识地增强攻守对抗的难度和练习的强度，有益于真正实现在攻守对抗中将技战术融会贯通，增强足球运动教学的整体质量和效果。

（三）实效性原则

这几年以来，我国的教育界都提倡素质教育的推广，其实对于所有的学科而言，实效性均是极为重要的一个原则。具体到高校足球运动教学里面，实效性原则直接反映出来的就是在实际基础上，依照学生的具体现实情况，抓主要教学困难，解决教学中的重、难点。教学要看到实际的教学之后的效果，教学时间是固定的，怎样才能既让学生学进去知识、掌握所学技能，又能让他们锻炼身体，增强体质呢？

高校足球运动教学的实效性原则很明显要从三个方面予以反映：首先，要坚持不懈地去将教学方法研究透，教学方法很重要，有了好的教学方法更有助于教学目的的实现、更有助于将教学任务完成，可以说直接对能不能高质量完成教学任务造成影响。对此，教师需要在进行足球技战术教学的过程里，充分利用好现代化的教学方法和教学工具，讲课时将重点讲解清楚，多让学生有练习的机会；其次，尽可能地从实际出发，抓住事物的本质，以唯物辩证法看问题，全面、准确地抓住教材的核心和关键知识，并由内而外，由浅入深地分析技战术要点，理解透教学难点及教学中的一切重点；最后，提高调查研究的次数，坚持去找寻新的问题，并对问题加以分析探讨，献出锦囊，并寻得问题的处理妙计。在对高校足球运动进行教学时，教师应对教学的实际效果加以关注，并在学生实际情况的基础上迅速对教学与练习内容予以调整。

（四）主体性原则

素质教育会将学生的主体性放在第一位。所以，在进行高校足球运动教学的时候，教师的所有教学活动都应该在学生需要的基础上，在学生特点的基础上恰当地安排，即贯彻好学生主体性原则。学生最好能够在教师的指导下主动地去参与不同的教学活动，尽可能地将自身的自主性和创造性统统发挥出来。高校足球运动教学中的主体性原则的实现应从以下几点出发，以此增强教师的教育效果。

首先，高校足球运动教学根本上仍然是教和学二者的“故事”。教师最好在足球教学中把学生主体放在第一位，以直接将学生的主体精神予以反映为主。教师应尽可能地让学生主动地去上手，去创造新的事物；引导学生主动地去用大脑进行思考并勤加练习，自觉了解足球运动理论，充分运用足球运动的技战术方法；增强学生们的观察力，以及将问题加以解决的能力。

其次，兴趣是学生最好的老师，所以，需要让学生在足球运动方面学点儿东西，培养他们的兴趣。兴趣是将某项运动学会的最佳动机，是关键因素，它或许是暂时的，也许长期下来就会变成真正的动机。足球运动有很高的趣味性，深受各国学生的喜爱。在教学中，教师应运用各种教学手段，让学生对足球运动的兴趣变为发自内心的热爱，让其能酣畅淋漓地喜欢足球场。

再次，让学生知道自己学习足球运动到底有什么用。足球运动学习的效果和动机有很大关系。学生的学球目的如果不明确，就很容易动机错误，或许有些学生会自觉一些地学足球、会主动地去练习足球技战术，但也可能有朝一日放弃对足球运动的学习。

最后，教师需要发挥自己的主导作用。足球运动需要有很强的“操作”和战术想法，属于高要求的一项运动，所以，在高校足球运动教学中，教师要以增强学生的实操能力和思维能力为主要内容，用一些联想、形象类的教学方式，尽可能去启发学生主动地用自身的思维，以此来最大可能地开发学生运动方面还未发现的潜力。

（五）综合性原则

足球运动不是一项简单的运动，这一特点决定了高校足球教学需要考虑综合性原则，并将综合性原则体现于教学进度中。足球运动项目的特点有很多，比如它本身是一项团队运动，而且技战术多种多样。那么，教师在进行足球教学的时候，怎样才能把握好足球教学所具有的多样性呢？

首先，教师所教学的内容要有趣、有料，这样有助于满足学生的学习需求，学生才会愿意去学习。另外，教师还需要注意所教内容的全面性。比如，教学刚开始学生更多的是身体上的一系列锻炼、练习，一定水平之后，便直接“升级”，此时学生主要将足球的基本动作当作自己学习的主要内容，教师教之即可。

其次，把技战术教学和另一个非常重要的学生的足球意识培养尽可能联系到一起，或者还可以将技战术训练放到学生个人的作风培养过程中，把它们两个也结合联系起来，全面地去增强学生的综合素质等。

然后，以简单实用、多样化的教学方法去组织并教授学生足球运动，以此增强学生的学习兴趣，也有利于学生真正地了解到更多练习方式、方法等，便于之后运用。

再次，教师在使用教材之时，需要将新旧教材搭配到一起，在教学内容方面，尽可能将足球融会贯通，将足球的技战术分项、分类地联系起来进行技术混练，这样做可以在一定程度上增强学生熟练运用各项技术的能力。

最后，在教学课堂里面，教师现在的教学方法多样，可选的方式多，像图、表、照片、电影等各种类型的辅助教学方式，都能拿来去用，这样的话，学生也能很直观地了解足球技术，并能充分运用踢球技巧，以此增强学生在实际踢球时候的足球技战术和踢球能力。

（六）循序渐进原则

在高校的教学里，有一个原则更为大家所遵从，即循序渐进原则，这一原则的主要理念是教学要从简单的内容教起，并且要从单一的内容往综合性的知识教。

循序渐进原则反映在高校足球教学上就是通过有组织的教学活动，帮助学生逐步了解足球基础，充分将所学到的知识、技战术以及所学到的足球方面的技能加以运用，培养出逻辑思维体系来。具体而言，依照循序渐进原则需要注意以下三方面内容。

首先，高校足球运动教学教学生哪些内容应有一定的系统性。教师需要在教学大纲的基础上，最合理地分配教学进度和课时计划，让教学进度和足球运动的规律一致，让教学活动从简单到困难、由少量到繁多，让训练从最开始的没有对抗再到之后有对抗。

其次，高校足球运动教学要有一个系统性方法。教师需要在动作技能相关基础上培养出一个可用规律，从最初的懵懂认知阶段到之后的基础阶段、进阶阶段、掌握阶段，形成的阶段性特点组织教学，并针对不同阶段运用不同的教学方法。

最后，安排运动负荷要合情合理。在高校足球运动教学中，教师应该合理安排恰当的生理和心理负荷。教师组织足球锻炼时，应根据学生的身体状况、教学内容、场地、气候等综合因素，将生理与心理负荷控制在极限范围之内。

如果运动负荷过低，那么学生的身体机能无法得到充分的锻炼，其自身的运动方面的一系列潜力也难以充分挖掘，所能够取得的训练效果常常也非常小。

反之，如果安排的运动负荷强度过大，容易导致学生身体运动过度，造成对学生身体的伤害，无法达到理想的训练效果。由此可见，运动负荷直接影响着教学训练的效果。只有合理的运动负荷安排才能充分发挥每一位学生身上所蕴藏的运动潜力，并使其身体得到合理地锻炼，才能正确领悟和掌握足球运动的动作和技术，使足球运动训练获得理想的效果。

在高校足球运动教学中，合理安排运动负荷的原则是以机体超量恢复为理论依据的。基于此，教师在开展高校足球运动教学时，根据实际情况，慢慢地、有节奏地加大运动负荷量，直至运动负荷量达到学生所能承受的最大限度。

根据高校足球运动教学的众多实践结果，在教学过程中逐步加大运动负荷是有理论依据同时也是科学的，但依旧要以严密组织、合理安排和良好的医务监督为前提。

与此同时，运动负荷的安排也要视具体情况而定，如年龄大小、性别方面、体制状况、学习能力强弱、意志品质强弱、思想状态好坏以及有无伤病等都是应该思考的因素。

二、高校足球运动教学的方法

下面具体介绍高校足球运动教学中几种科学且常见的方法。

（一）讲解法

讲解法，主要说的是教师通过相对简练和准确的语言来直接讲解教学内容，在讲解的过程中，对教学中会出现的技术的动作和应该注意的地方等进行讲授，让学生用耳朵就能知道本次所学足球内容的教学方法。

讲解法，其实对于教师来说是最常用的一种教学方法，教师应提前做好准备，抓住适合讲解的时间点，把握住教学重点，不要讲太偏的，先把学生容易学的、好教的、基础的教会，这样也更适合讲解法的实际运用。

（二）示范法

示范法，主要说的是教师在进行教学时把幻灯以及录像等方式统统加以利用来进行足球场上的相关技术动作示范，以及演示战术方面应该如何进行配合，让学生通过看就能知道足球运动所需要掌握、学习的知识、技能。在进行高校足球运动教学的时候，教师要提前安排课堂地点和提前告知学生新课教学方式，自已能抓住示范的主动权，正确示范，学生也能有所准备，带着“眼睛”认真听讲。

（三）纠错法

纠错法，主要说的是教师在对学生进行训练的时候，发现学生的错误应及时纠正过来，以便学生能够迅速避免错误的练习。

在进行高校足球运动教学的时候，教师那边要和学生随时交流、沟通，学生做动作，老师旁边教，教师时刻注意学生的动作，发现错误动作后，就可以直接在错误动作基础上将错误加以解决。纠错法可细分为诱导法和条件限制法。

（四）练习法

练习法对于所有体育运动而言都是不可或缺的一项教学方法。它需要一定的基础，比如需要在讲解技术技巧内容之后才能在其基础上进行练习。

根据不同形式，练习法主要包括完整练习、分解练习，除此之外，还有简单和复杂条件下的练习；如果按照运动特点分，练习法主要有个人技术练习、配合性练习等。在高校足球运动教学里面，我们的足球教师应思考在足球场上如何运用练习法才能更有效、更能起到练习作用，并要注意去科学地安排运动负荷，不让运动损伤有发生的可能。

（五）案例教学法

案例教学法结合实际，更为形象易懂，也更容易使学生了解并学会直接运用所学的学习内容。实际来看，找足球比赛中更加为人所知的案例作为足球运动教材内容对于学生学习足球内容更好一些。教师以案例来对教学内容进行分析，可以使学生领会到足球的概念中最基础的部分并将基本的知识要素记下来，最后更容易达到增强学生对所学内容了解的目的（放在足球运动中即为充分运用足球技战术，掌握足球运动理论）。在进行高校足球运动教学实践的过程中，教师选择的教学案例必须能将教学内容体现出来，并且包含理论知识和时间作用，否则选择的案例是不具有典型性的。

（六）程序教学法

程序教学法主要说的是在认知和技能培养规律的基础上，把足球技术、战术教学内容当成一个个程序，将各项技术、战术教学具体内容当作一个个程序元素加以学习掌握，学生在学习掌握这些元素之后，基本上就能全面了解全部足球技战术知识了。

另外，教师还要在实际情况的基础上，建立起相应的评价信息反馈系统的教学方法。

在进行高校足球教学的过程里，学生开始时在每一个模块基础上进行学习。学会之后进行学习评价，最后依据评价的结果反馈学习效果，教师依据反馈信息的具体情况去科学地进行教学内容安排。

（七）合作教学法

合作教学法是素质教育模式下出现并且被推崇的一种高效教学方法，指的是在教学进行时将学生予以分组，带领着学生通过小组这种形式合作来完成学习任务的一种方法。

在进行高校足球运动教学的实践过程中，教师应在学生自己意愿的基础上把学生分组，学生分完组之后，让学生以小组为单位开展足球相关练习。这种方法有很多好处，教师在课堂上应尽可能地以小组为单位进行足球练习、足球评价、足球竞赛等，同时要在分组的时候注意学生中优等生和差等生的搭配，要尽可能地发挥学生骨干的带动，优生帮助差生，让足球运动变成学生与学生进行合作的一种活动，让学生学习足球运动的环境更加和谐、轻松。

（八）学习教学法

学习教学法，是如今高校教育教学方法中将教学系统性、逻辑性、整体性放在突出位置的一种教学法。

在进行高校足球运动教学的过程中，教师需要把学生的练习情况等在教学状态基础上逐一进行评价，并将最后的评价结果反馈给学生，这样，学生会更加容易地了解和理解足球技战术，并在之后的练习中对其充分运用更有把握，以此增强高校足球运动教学水平。学习教学法的整体模式如图 2–1–1所示。

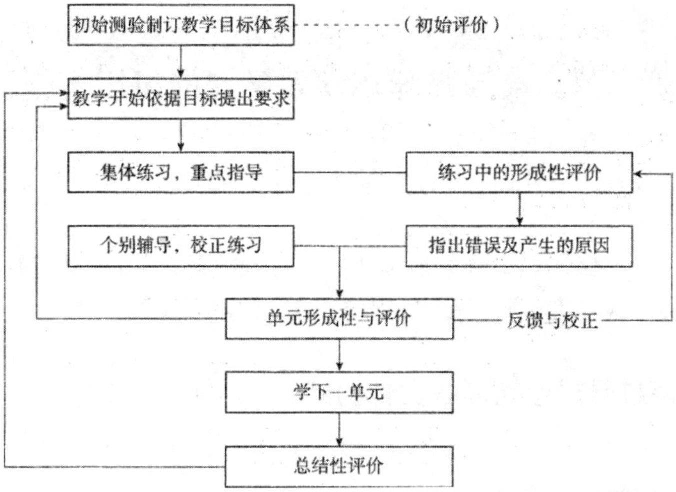

图 2-1-1　学习教学法的整体模式

（据《高校足球实用技战术教学与训练研究》，李亮，2014年）

（九）发现教学法

发现教学法可以认为是如今高校素质教育的一种创新型教学法。它主要指的是通过指导语这一形式，教师对教学内容予以一定程度上的改造，同时会向学生放送很多观察和可以直接进行分析的相对直观的感知用的材料，让其更贴近学生实际的一种教学法。

在进行高校足球运动教学的时候，教师要按步骤进行，需要在一定的步骤基础上进行教学，具体来看，先让学生预习，找到哪里有问题，然后在课堂上解决，解决方法是先在课上自己寻找答案，不过在学生寻找答案的时候，教师会在旁进行一定的指导，最后教师来进行分析和总结。发现教学法的整体教学模式如图 2-1-2所示。

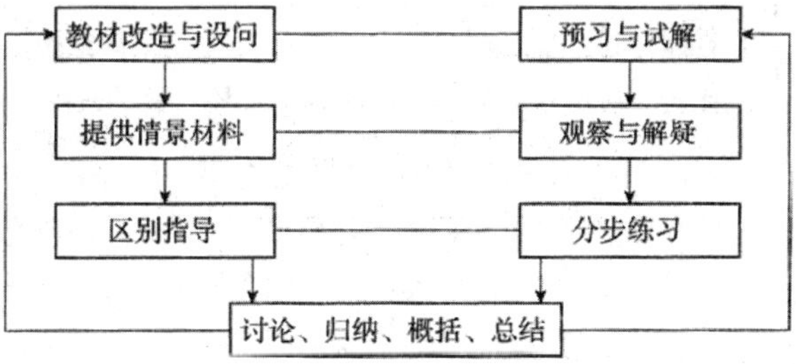

图 2-1-2　发现教学法的整体教学模式

（据《高校足球实用技战术教学与训练研究》，李亮，2014年）

第二节　高校足球运动教学课的组织实施

对于高校教学研究而言，组织实施是非常重要的部分，因为其不仅包含了前期的文件制定，教学实践阶段的组织过程，同时还涉及后期的教学工作总结。只有保证三个环节细致认真贯彻和执行，才能提高教学成效。下面对高校足球运动教学的组织实施过程进行具体论述。

一、高校足球运动教学文件的制订

（一）教学大纲的制订

1.教学大纲的内容

教学大纲主要涉及七个方面的内容，它们分别是教学说明、教学的目的和要求、教学内容的分配、教材和参考书、教学设施、考核内容和方法、成绩评定，具体内容如表2-2-1所示。

表2-2-1　教学大纲的内容

教学大纲的项目	项目内容
教学说明	该部分重要论述教学大纲制订的依据、原则和课程性质，提出具体的完成措施
教学目的和要求	细致描述足球教学的具体任务。主要涉及基本理论知识、基本技战术及技能、发展学生身体素质的要求和思想品德教育、专业思想教育，培养学生的集体主义精神和学生优良的意志品质等
教学内容的分配	具体论述不同教学内容的时数划分比例，理论教学与实践教学的比例，理论教学的题目和课时、考核、教学条件和参考书目等
教材和参考书	列出课程所需要的教材和教学参考书。认真学习和领会高校足球课程标准的核心思想和具体要求，仔细深入地研究教材，分析教材的重点、难点和关键点，并结合学生的具体情况、自己的教法特点和学校的教学条件，确定教学的重点和难点，合理安排教学内容、教学步骤、教法措施等。若已掌握教材内容，可有针对性地参考一些比较权威的足球专著，以丰富和补充教学内容

续表

教学大纲的项目	项目内容
教学设施	指足球教学实践所需的场地和设备，比赛所使用的秒表、口哨、号码衣等器材。有条件的高校可建立和完善足球电化教学设施
考核内容和方法	涉及理论知识、技战术、技能的考核等内容。理论知识考核一般采用笔试的形式；技术考核可采用技评和达标的形式；技能考核可选择作业评检、实习、实际操演等形式开展
成绩评定	涉及思想品德、真正态度、理论知识、技战术与技能等方面的评定。基本技能的评定可与平时考核进行有机结合，总成绩中各部分的权重与比例应根据培养目标的要求来确定

2.制订教学大纲的要求

①从教学实际情况出发，要将教学计划所规定的培养目标和要求都予以落实，并提出教学的具体目的与实际的教学任务是什么。

②将足球运动的多种特点、足球运动的课程任务和足球运动的教学时数联系到一起，将基本理论知识、技战术和基本技能的教学训练和培养加以突出。

③科学划分教学课程所需要占用的时间，保证理论和实践上的教学匹配，并保证教学任务的完成。

④制订教学大纲应重视该如何才能既体现足球教学内容的系统性，又能体现足球教学内容的科学性和先进性。

（二）教学进度的制订

1.制订教学进度的作用

教学进度本质上是一种教学专用的资料文件，表示的是在教学大纲基础上规定的一系列教学任务、教学内容和时数分配，把教材内容真实地落实到每次课中的教学文件。教学进度能够从整体上体现出教学方法与具体的教学策略。科学制订教学进度，在一定程度上能够有效增强教学质量和教学效果。

2.制订教学进度的要求

①重点明显，主要的和次要的分得很清楚。在教学大纲的规定和要求

基础上进行，不超纲，充分考虑足球运动技能培养规律，科学规划教材内容，并尽可能提高教学重点的频率，重点要放到明显的位置。

②教材一定要有逻辑。教材的编排应能够将理论知识和技术联系到一起的逻辑反映出来，让学生在学习知识的同时可以有相对更加有益的迁移。

③教学课的搭配要合理。每堂课教学内容要和每堂课学生能接受的知识量综合考虑，注意将每次课的教学内容分量搭配，最好能同时遵循循序渐进的原则。

④能够将理论和实践联系到一起。足球运动教学课程的安排，如果能够让理论指导实践更顺利一些、理论课教学安排更合理一些、理论和实践联系更紧密一些便最好了。

（三）教案设计的制订

1.编写教案的要求

对于足球运动教师来说，教案的编写工作是课前准备的一项重要工作。同时，教案也是提高足球教师业务能力、教学水平和积累教学经验的一项有效措施。在深入了解学生的情况和熟练掌握教材与教法的基础上，教师可着手进行教案的编写。

编写教案的具体要求为简明、扼要、翔实，符合实际、突出教学重点和教学特色，各部分衔接紧密，教法科学、新颖、全面、有效，运动负荷安排适宜，安全预防措施全面、准确。

2.教案的结构和格式

（1）教案的基本结构

教案的基本结构主要分为准备部分、基本部分和结束部分。

准备部分通常会花上15～20分钟的时间，包括的内容除了有基本功练习，还有身体素质练习，以及足球游戏等内容。目的就是希望通过准备部分的教学，让学生能明确足球课有哪些教学任务和要求，让学生主动地去做好准备活动，让其更快进入良好的适应状态。

基本部分通常会需要70～90分钟。这段时间内，教师要将教学顺序和步骤，练习方法，以及教学次数、时间，教学中的运动负荷标准，教学组织管理等都包含进去。目的是希望能够发展和增强一般和专项身体素质，这是足球教案的基本内容。在教学过程，教师要能够明确重点。

结束部分一般用时5～10分钟。这部分内容包括按摩、舞蹈等活动，以比较轻松的形式出现，目的是希望能够让学生更加放松、消除疲劳。结束部分需要有一个简单小结，对学生完成任务的情况进行简单、带有鼓励性的评价。

（2）教案的基本格式

在高校足球运动教学实践中，主要有两种格式的教案，一种是表格式教案，另一种是条文式教案。

表格式教案：如表2-2-2所示，表格式教案是在确定了课的任务以后，接着依据表格每个栏哪个在前哪个在后的顺序，将教学内容和具体的教学方法以及需要的练习次数等内容相继填进去。

表2-2-2　表格式教案

<table>
<tr><td>授课班级</td><td></td><td colspan="2">课的编号</td><td></td><td colspan="3">上课日期</td><td></td></tr>
<tr><td>课的基本教材</td><td colspan="3"></td><td>课的任务</td><td colspan="4"></td></tr>
<tr><td rowspan="3">课的部分</td><td rowspan="2">时间</td><td rowspan="2">课的内容</td><td rowspan="2">组织工作</td><td rowspan="2">教学步骤</td><td colspan="3">运动负荷</td><td>常犯错误及纠正方法</td></tr>
<tr><td>时间</td><td>次数</td><td>心率</td><td rowspan="2"></td></tr>
<tr><td></td><td></td><td></td><td></td><td></td><td></td><td></td></tr>
</table>

条文式教案：条纹式教案不仅要把表格式教案的内容都填进去，在使用的时候还会将提纲和组织教法的具体方式配合理论课讲稿使用，主要用于理论课的教学。

二、高校足球运动教学课的组织

高校足球运动教学课的组织涉及以下三方面内容：理论课、实践课以及讨论和实习课的组织。

（一）高校足球理论课的组织

高校进行足球理论课教学的目的主要是让学生更加了解足球运动，能够充分运用基本的足球运动理论。足球理论课的教学内容具体来看有以下几点：

①足球运动的技战术基本理论；

②足球运动的发展趋势；

③足球运动的教学；

④足球运动的训练；

⑤足球运动的裁判和组织竞赛。

通过理论知识的教授，学生能够理论和实际相联系，为之后要进行的足球运动实践奠定相应的基础。

高校足球运动教学这种教育活动属于一种开放式的教育，拥有开放性教育的很多特征。在高校足球运动教学的课堂里，教学活动受到很多因素的影响，不仅有足球运动教学双方当事人的，足球教学环境、教学设施等也会影响到足球运动教学，并且足球教学的整个活动会有安全隐患存在，因此组织在整个教学活动中也必不可少。

高校足球理论课的教学大多数情况下都会以课堂教学的形式来展开。高校足球运动教学实践，一般是以教师讲授为核心的，同时要有一定的课堂中学生与学生之间的交流、讨论，这样更容易提升学生学习足球理论的兴趣。

具体而言，先通过问题的方式，将足球理论课的教学内容大体说出，为学生学习做准备，后展开这一堂课内容的教学，重点和难点分明，彰显出足球理论课的教学作用，并用课堂练习等方式，让学生对足球理论课堂教学的重点和难点更加了解，更容易去充分运用。在结束部分，教师要将本节课的重要知识点罗列出来，留下课后的作业，并提前告诉学生们下次足球理论课的教学内容，让学生充分做好预习。

（二）高校足球实践课的组织

1.准备部分

对于高校足球实践课而言，需要先做好准备部分，才能进行接下来的训练实践，进入训练时间。这个部分开展的主要目的是进行“热身”，通过几分钟到十几分钟的身体活动时间来让学生身体由最初的相对静止情况进入接下来的工作状态，为之后足球实践课程的内容学习做好准备，从身体上和心理上为之后的时间训练奠定基础。

准备部分的教学可选择和足球运动有关的走跑练习、控制球的专门练习等练习一起对身体活动展开练习，慢慢提高运动的负荷，以此来增强对身体的活动。

另外，在实践课堂上，教师还能够将一些比较容易的技术练习的方法也加入进去，以增加技术动作的扩展学习内容。

同时还有一点需要大家知道，就是准备部分的活动组织通常会以集体为单位进行，内容通常会在足球实践课的任务、时间和学生具体情况的基础上有一定程度的变化。

2.基本部分

（1）概念解读

高校足球实践课的基本部分是实践课的核心部分。该部分的目的是在足球课所教内容的基础上，将实际开展的足球运动技战术的教学和练习予以落实，最终是要让学生的身体素质获得全面发展，并带动学生心理品质和足球意识层面的提升。

（2）具体内容

基本部分要凸显出足球运动教学的实际重点，并能够将教案和学生的具体情况联系到一起确定当下的教学方案，并且也需要有作业来补充基本教学。这部分的教学，用讲解和示范等方法都可以，都能让学生在巩固旧知识的同时，也可以学习一些新内容。

（3）教学步骤

首先，将新教材中出现的内容学会，接下来，去将已学过的旧的内容予以巩固和改进，然后就是足球练习和身体素质方面的练习了。

在教学实践中要合理安排教学时间，尽可能地合理使用足球场地，足球运动教学设备也要合理分配，一点点地让学生练习的次数变多，运动负荷量的安排要适宜，并要注意经常调整，增强学生练习的质效，让学生慢慢了解足球运动的奥秘，充分运用足球运动的各项技能。

还有一点要注意，教师要留心学生练习的具体情况，如果记不住，最好能够进行记录，并且能够对练习方法进行一定的调整，确保足球运动教学的整个过程是正确有效的。

3.结束部分

高校足球实践课的结束部分和准备部分类似，在大多数情况下也是选择集体活动的形式来展开。

通常，结束部分会找一些轻松的练习，比如，慢跑就可以在结束部分进行，除此之外还有简单的运球、传球、活动性游戏等，在这部分结束后，教师要对本次课的整体教学、练习情况予以简单总结和评价，在肯定学生学习成绩的同时指出其不足，帮助他们明确努力的方向，最后布置课后作业，并告知下次课的主要教学内容。

（三）高校足球讨论与实习课的组织

不管是讨论课还是实习课，虽然和正式的教学课相比不那么严格，但课程的组织仍然需要考虑周全，细致到位。

1.讨论课的组织

高校足球讨论课，一方面可以增强学生的交流水平和表达能力，也可以慢慢训练学生的观察力、学习力，使学生的创造性思维能够派上用场。具体而言，在开展足球运动技战术优缺点和案例分析、规则裁判法等的教学时，为了让学生能够更加深入地理解这些内容，以讨论课形式展开的教学会更多一些。

在讨论课开始前，教师需要将以下内容提前准备好：

①讨论课上要谈论的内容；

②讨论课上需要加以解决的问题；

③讨论课课堂的纪律。

在讨论课课堂上，教师先引一下讨论课此时的成果，然后民主地组织学生围绕本次课的讨论对象展开发言，让大家踊跃一些，鼓励不同声音。最后，教师总结发言，对讨论的问题和学生的讨论情况进行相应的评述。

2.实习课的组织

高校足球实习课能够起到切实增强学生在足球运动方面的能力的作用。实习课开始前，实习学生要确定好，教师要做好相关工作。实习进行时，教师要随时去进行观察记录。实习课程完毕，教师要很快予以学习评价，实习生撰写实习总结，同时，教师要多让学生参与，给他们创造机会，让他们有机会对足球实习课予以评价和讨论。

三、高校足球运动教学的工作总结

在高校足球运动教学完了以后，教师需要将高校足球运动教学的整个活动内容和高校足球运动教学的过程联系到一起进行高校足球运动教学的工作总结。

另外，教师要将学生的课堂表现加以记录；同时还要主动地（积极）组织学生归还器材、清理场地，可以在班级找个班长，专门负责归还器材；开展简单的自我评价，并主动地倾听别人意见。

高校足球运动教学的工作总结主要有四点。

①基本情况介绍。主要包括高校足球课的课程性质，高校足球课的课程任务，高校足球课的教学时数、足球课的学生人数等。

②教学过程介绍。主要包括进行的足球教学方法，对足球教学方法执行情况所进行的自我评价，总结教学情况，指出发现的问题以及问题缘由。

③教学过程评价。主要包括对学生学习状态予以总体的评价，尤其要将对教学时学生主体作用的发挥情况强调性说明；对学生的学习成绩进行客观分析，可以以数据和事实调整教学。

④教学设想和建议。这个要在本阶段或本学期足球运动教学任务的完成情况基础上进行，主要包括对足球运动教学问题的研究、对接下来足球运动教学工作的想法和建议。

第三节　高校足球运动教学中的现代教育理念运用

在论述高校足球运动教学理念之前，有必要介绍解读现代教育理念。通过内在含义与基本内容的呈现，读者可以更快更好地理解现代教育理念是如何指导高校足球运动教学，促进高校足球运动教学不断发展的。

一、现代教育理念的内在含义与基本内容

教育理念其实就是教育的一般规律及应用原理的一种理想化的思想观念。业界有学者在原有的教育观念的思想基础上，形成了以社会未来人才需求为前提的教育未来发展的认识理念。在这些学者的认知里，教育理念就是关于教育未来发展的理想观念，它是未来教育发展的一种理想的、永恒的、精神性的典范。通过上述理论的阐述，我们知道了现代教育理念为教育领域提供了教育的一种理想形态。

教育理念体现了社会各个方面发展的实用性与前瞻性。因为，教育理论作为一种意识范畴，也是经过了长时间的社会实践后，才逐步形成的；而教育理念作为教育理论深入探究后集大成者，具有实践性与前瞻性。在学术业界，人们通过理论层面的不断研究以及实践层面的不断探索，赋予了现代教育理念深刻的思想内涵。这种思想内涵体现在理论层面和操作层面这两个不同的方面。

理论层面就是现代教育理念改变了传统教育的特征，即重视应试教育，它不再受原有意识（经验）的思想束缚，内容更加系统，也更富有针

对性，不再一概而谈。可以说，现代教育理念在理论层面被人们赋予了创新、开拓及批判的现代精神思想，其内容与形式则表现出客观科学的外在特征。

操作层面则是体现在用理论去指导实践的可行性、持续性与包容性上。意识来源于实践，而实践也是检验真理的标准，现代教育理念只有能够正确指导教育实践才能体现出其实际意义与存在的价值，而在整个教育实践的过程中，现代教育理念也会随着外在客观条件的变化与内在矛盾冲突的变化而不断自我完善与发展，其内容会更加符合实际情况，其形式也更容易被大众所接受。这种出于教育而又最终回归教育实践的现代教育理念能对高等教育教学工作起到引导、促进的积极作用。

现代教育理念的内容广泛而深刻，下面我们就将针对现代教育理念中最为重要而又最富实际意义的部分进行分门类别的介绍与解读。现代教育理念基本可以归纳为以下几个方面。

（一）主要教育理念

1.终身教育

学习型社会是在知识经济对人类社会的积极推动下衍生出来的一种新型社会形态。终身学习也就成为学习型社会的基本要求。因此，教育也就被放在了极为重要的位置上。现代教育关系到精神文明建设与生态文明建设的协调发展的全局性、战略性的特征体现。因此，现代教育也具备了系统性的特点，它需要在实践中把诸多要素与涉及的相关部门和行业系统组合成一个完整体系。现代教育需要全社会所有人共同参与努力，才能形成系统化的现代化教育体系。

我国的现代教育正是一种社会大教育体系，它需要在系统工程的理念指导下进行统一规划与运作，把促进人的全面发展作为教育目标，以实现社会系统内部各环节、各部门的协调运作整体活动为基础，来满足学习型社会对教育发展的实际要求。

2.以学生为主

现代教育具备现代性的特点就是因为其肯定、尊重人类的主体价值，宣传并弘扬人类的主体性。现代教育，可以使学生发挥主体的能动性，而不再采用以往传统的以教师为主体的教育方式。

运用现代教育的理念去开展教学工作的时候，一定要让“教”始终围绕“学”而进行，最大限度地激发学生的内在发展潜力与学习进步的动力，使教学环节能够成为学生自主自觉的活动和自我建构的互动过程。

现代教育要以学生为中心、以实践为中心，而不再以教材为中心、以教师为中心，教育的过程要积极倡导自主教育、快乐教育和研究性学习等形式多样的主体性教育模式，来点燃学生的学习热情，培养学生的学习兴趣和日常的学习习惯，提高学生的自主学习能力，使学生积极主动地去学习知识与技能和寻找自己未来的发展方向。

3.以人为本，素质教育

（1）以人为本

以人为本是人文主义精神在现代社会的一种表现形式，它的重点在于强调人的重要性，要求在发展中要把人类的生存作为根本。如果说之前的人类社会是以重视科学技术为主，那么教育理念便是以技术为主，人类开展教育实践就是为了能更好地使用技术，那么现代的教育理念便把培养人的综合素质作为教育目的，它要求在整个教育过程中都要表现出重视人、理解人、尊重人及爱护人的思想核心。因此，现代教育理念的基本特征就是关注人的现实需要和未来发展的潜力，与近代教育理念不同，现代教育理念更注重人类自身潜能的开发和挖掘，以实现人自身的价值为教育的最终目标。

在现代教育理念的思想引导下，通过教育可以培养人们自尊自强、自信自爱的人文意识，并且通过社会实践，提高受教育者的文化素质与生存发展的能力。

（2）素质教育

现代教育的突出优势在于，它舍弃了传统教育中以应试教育为主，教育方式生硬死板，只看到人类科学文化素质的培养，而忽视精神道德修养的学习。素质教育就是注重人的全面发展，把思想道德的发展作为教育培养的目标之一。

现代教育通过实践的检验，呈现出理论知识向实操能力转化工作的现代形态。人们可以通过素质教育，培养良好的素质。

素质教育强调了人的实践操作能力和综合素质，但是它也没有忽视知识的力量。可见，素质教育特性要求现代教育要在重视人的能力与素质的前提下，把知识、能力、素质三个方面结合起来培养训练。

在具体的教学过程中，高校应该注重学生综合素质的培养，以便激发学生在不同领域的潜能。

4.合作教育

针对教育理论中忽视师生之间的人际关系的情况，提出了合作教育的理念。合作教育理念将过去的权力和服从关系置于次等地位，以此为基础推动建立平等、健康的师生人际关系。

其要求在教育中，学生是教学的主体，而教师主导教学，双方的地位是一样重要的，二者缺一不可。该理念不会去强制学生去学习什么内容，正如同不会强制教师要怎么教学生一样。教师主要是用来引导学生学习的。教师需要在教学中尊重学生，促进学生的自尊心的养成，并从教学初就引导他们发挥潜能、对他们的个性发挥予以重视；还能在展开教学时创造平等、民主的课堂气氛，引导学生学习。师生之间的人际关系要处理好，老师和学生之间也可以进行不同方式的合作性质的教学等，老师教好了，学生学会了，双方共赢。

5.创新教育

传统教育以教授知识为主，但现代教育则以引导学生的创造力为主。这种创造力就是创新精神在教育领域的体现。

随着社会经济的不断发展，知识经济成了全人类的发展与进步的推动力。现代教育的教学目标之一就是启发、引导及开发学生的创造力，培养学生的创新精神。在教学的过程中，创新精神便体现在了教学的方式与教学的内容上。

现代教育注重创新教育与创业教育的双管齐下，一方面培养学生的创新能力，另一方面则培养学生的创业能力。通过两种方式的融合教学，来实现现代教育中复合型人才的培养目标。

6.专业化教育

教师专业化是教育肯定会有的一个趋势和要求，专业的教师，更容易教出具有专业素养的学生，也更加有利于教学科研工作的拓展。教师专业化要求教师具有的职业素养如下。

（1）正确的教育理念

教师的教育观念一定要跟上时代的发展步伐，体现一定的时代精神。教师对于教育事业的责任感和荣誉感，来源于教师对教育工作的本质、责任以及特点的深刻理解，即教书育人关系到学生未来人生的发展方向，关系到祖国人才的培养等等。只有在正确教育理念的引导下，教师的教学行为才能体现实际的意义，如教学方法的创新、教学风格的体现。

（2）良好的职业形象

教师的职业形象就是教师在完成教育教学任务的时候，在学校以及在社会承担的职业作用和表现。教师是学生学习的榜样，因此，教师必须在实践生活中不断提高自身的思想品德修养，如热爱祖国、不畏艰苦的奋斗精神、高尚无私的情感、严于律己、遵纪守法等，通过塑造自身良好的职业形象，来起到对学生进行潜移默化的思想教育的教学效果。

（3）多元的知识结构

现代教育观念对于高校教育的影响不仅体现在教学目标的变动上，还体现在教学内容的扩充以及课堂体系的建立上。教学内容的更新对教师的基本素质有了更高的要求，它需要教师具备多元的知识结构，它不仅要求教师要在本学科的领域内具备扎实的知识储备，还要求教师要与其他学科的教师互相合作，能够从学科交叉、学科对比与学科渗透等多角度进行教学工作。因此，教师不能只掌握单一的学科知识，还应建立多元的知识结构，既要学习专业领域的知识，又要学习自然科学与社会科学。

（4）完善的能力结构

完善的能力结构要求教师具有教学能力、教育能力、获取知识的能力、科研能力。教学能力就是教学常规、教学评价、教学实验和现代化教学手段的运用能力；教育能力就是教师能够组织、管理个别教育与集体教育的能力；获取知识的能力就是多途径搜集、查找资料，筛选资料以及整理汇总信息的能力；科研能力就是要在教学过程中针对出现的问题与想象进行总结反思，从中找到规律，以便随时创造完善教育方法的思维能力。

（5）健康的心理素质

快节奏的生活，给现代人们的工作生活带来了沉重的精神压力。教师作为一个需要极强抗压性的职业，拥有健康的心理素质也就成为现代教育必备的素质。健康的心理素质不仅体现在教师自身的健康生活的精神需要，也体现在积极引导学生健康心理上。教师是学生在校期间接触最频繁的人，其不健康的心理会给学生的心理也带来负面、消极的影响。因为学生的年龄尚小，没有足够的精神力量去抗衡负面情绪，不健康的心理状态将会直接影响学生未来精神世界的塑造。

教师的素质是教师在育人过程中稳定的、必备的职业品质。不同时期，教师的素质有其突出的特点，教师素质不是一个静态的概念，它具有特定的社会规定性。相信教师的素质也会随着历史前进的脚步、社会发展的步伐而不断地被扩充，不断呈现出新的思想文化内涵。

（二）其他教育理念

除了以上六点之外，现代教育理念的构成部分还有一些其他的教育理念也需要提及，如个性化理念、开放性理念、多样化理念、可持续理念。

1.个性化理念

现代社会是以多元化为基本特征的。现代教育自然也离不开对人的个性化的培养。因为创新的时代需要富有个性的人来调动创造力，形成创新思维，推动社会各个行业的创新，而个性化的需求催生了注重个性化发展的现代教育。

现代教育注重个性化的发展体现在鼓励学生张扬自己的个性，正视不同人个性的差异特征，在教学方式上使用针对性的教育，运用不同的教育方法来对不同个性的学生开展教学工作，为学生的个性化发展提供更宽广的空间和成长的条件。现代教育将个性化的特征融入教育的各个环节和教学实践活动，如营造自由的教学氛围、搭建公平的教学平台、提倡平等的教育观念、提供展示个性化的舞台等。现代教育通过因材施教的方法来进行个性化教育，以达成由共性化教育模式向个性化教育模式转变的目的。

2.开放性理念

现代社会的另一大特征就是全面开放。全人类的发展及整个社会的进步都是由地理空间的开放开始的，如哥伦布发现新大陆推动了世界近代史的发展，鸦片战争直接使中国进入近代史。经济全球化就是在当今背景全球各国经济领域的开放而形成的。经济全球化不仅给世界各国经济的发展带来了契机，而且间接推动了各国之间的文化交流。

现代教育便是在这种社会经济条件下呈现出开放性的特征。传统封闭的教育格局被打破，新的教育格局便是以开放的教育方法、教育目标、教育观、教育过程、教育资源为特征的全方位的现代教育格局。其中，教育观念的开放性是我们要研究分析的，它指的是民族教育要广泛吸取世界一切优秀的教育思想、理论与方法为我所用，体现了一种融百家之长的思想理念。正是由于现代教育的开放性，高校教育的外在形式与内在内容始终不断发展扩充，并且在不同的国家表现出不同的形态。高校教育可以一直融合其他领域的优势元素，并通过改变自身的形态而呈现在人们的视线中。

3.多样化理念

随着现代社会的发展，社会结构也发生了高度的分化，人们的社会生活也呈现出多样化的特点。教育作为文化领域的一环，其表现形式也呈现了多样化的基本特征。

现代教育的多样化体现在教育需要的多样化、教育办学主体的多样化、教学管理体制的多样化、教育方法的多样化等不同方面。多样化的特征也对现代教育的管理提出了更高的要求，教育管理的各个方面都要做到灵活不死板，过程体现针对性，整体上提供更加宽松的教育环境。由此可见，现代教育的多样化不仅是其外在形式的总结，也是对其内在结构的新时代要求。

4.可持续理念

可持续发展不仅是经济领域发展的基本要求，同样也是现代教育发展的要求之一。人类生存发展的环境并不只有人文环境，还有自然环境。人与自然的和谐相处已经成为现代人类科学开展的条件。现代教育要求将教育实践当作有机的生态整体，这个整体包括了两个方面：一方面是教育活动内部的教师、学生、课堂、实践、教育内容与方法诸要素的可持续发展；另一个方面则是教育实践与教育环境设施和文化氛围的可持续发展。现代教育要求把和谐统一的可持续精神贯注在教育的每一个有机的要素和环节之中，最终形成统一的教育生态链整体。这个具有可持续性的教育生态链体可以达到现代教育所提倡的生态和谐育人，体现一种可持续的人文精神。现代教育只有在这个具有生态性的教育环境下，才能培养出精神健康、身体健康的人才。

二、当代教育理念在高校足球运动教学中的运用

①在足球运动教学中，要想办法坚持从激发学生的踢球兴趣入手，以此塑造并锻炼学生的终身体育方面的意识。站在当代教育理念的角度去看，教学需要引导学生发现自身的学习兴趣，不仅在课堂上，课外如果学生也能去踢足球，其重要意义肯定会高于只教学生足球知识。所以，足球运动教学要提高学生对足球的喜爱程度，让学生自己主动去学习足球技巧并在实际足球中加以运用。

②在足球运动教学中，要以学生会踢球为足球运动教学的中心，同时教师要主导教学，要能引导学生去进行足球学习。在以前的教育模式下，

学生是教学的对象，地位被动，还被教师不停地“灌输”知识，长此以往，对学生学习的危害很大，甚至会让学生讨厌学习。不过，新的教育理念要求足球教学把学生的全面发展放在第一位，不仅仅关注学生的学习成绩，还要求去重视学生的情感方面的感受；从教学设计到评价之间的各个环节都要从有利于学生主动、全面发展的角度出发，最好能将学生的主体地位反映出来，尽可能地发挥学生主动性和实际所拥有的潜能。

③在足球运动教学中要去重视学生与学生之间所存在的个体间的差异，适应学生的不同要求，尽量顾及所有学生自身的特点及其条件。足球教学中，教师要因材施教，尽量为不同智力潜能的学生提供相应的教学条件和途径，以此让学生掌握足球知识，并发展相关运动能力，增强运动技术技能。同时在足球运动教学实践中，需要培养良好的师生人际关系。足球运动教学的师生合作是平等的、民主的。教师的教学应该很开放，学生能够有自己的关于足球运动学习的想法，也能够提出自己关于足球运动学习的合理的意见。这样一来，有望让学生成为真正的学习的主体，才能尽可能地让学生自身的主观能动性得以发挥，更能使学生的个人能力得到发展。在足球运动教学进行的时候，师生之间彼此尊重，双方之间多一份信任，彼此合作，才是师生人际关系能够很好建立的一个基础。

④在足球运动教学中要注意培养学生对足球运动教学训练课的设计能力。在足球运动教学里，教师自己本身都会有一定的教学课设计能力，因此，可以通过他们自己所具备的能力，通过自己对足球运动教学训练课的组织教法和实践培养学生也具有其相关设计能力，并在进行该内容教学时告诉学习足球运动的学生一些自己对现代足球运动和现代教育理论的理解思路。

⑤足球运动教学中要注重创新。现代足球运动发展飞速，创新意识非常高。但是我国足球运动水平相对较低一些，如果想要获得发展，走向世界，取得更大的进步，必须能够在开展足球运动教学的时候注重观念、理论和实践等方面的突破和创新。

⑥足球运动教学要求教师仔细地去研究分析足球运动方面的相关专业知识，不断地增强执教水平，进而增强师生的整体足球运动专业素质。教学理念中教师的专业化对足球运动专业的老师也提出了很高的要求，教师只有认真钻研足球运动专业知识，发展自身，才能适应现代足球运动教学的要求。

第四节　高校足球运动训练的基本理论

高校足球运动训练的基本理论是为了让足球教师和学习足球运动的学生能有科学训练需要了解的基本知识。足球运动既有和其他运动项目，比如田径运动一样的地方，不仅注重速度，还注重身体的各项素质；又有和其他运动不同之处，比如和田径运动相比更注重直接对抗性。高校足球运动和专业足球运动训练的方式还不一样，有所差异。为了让读者更好地理解高校足球运动训练的基本理论，本节将对足球运动训练的原则和方法予以阐述，除此之外，还会根据足球运动对体力方面的要求，介绍一下高校足球运动训练的负荷安排，最后重点分析说明高校足球运动训练计划的要求和内容。

一、高校足球运动训练的原则与方法

（一）足球运动训练的一般原则

高校足球运动有其自己的一套训练理论，一般而言，首先要有一定的原则要遵循，这些原则中体现着足球运动训练的基本规律，循着这些规律，可保证足球训练的基本方向不会错。同时，因为高校足球有其高校特征，也有一定的自身特点，这时，高校学生和教师都应该心中有数，练就练符合自身实际情况的部分，教就教高校学生喜欢学的、应该学的部分，并制定出科学、合理的训练计划，这样，不仅有利于高校足球学生本身，而且也有利于足球教师，有利于高校学生球队技战术水平的提高，同时，也能在足球场外对高校学生的身体和心理的素质提升带来很大的好处。

事实上，高校足球运动不是要先把最难的学会然后简单的也自然而然就会了，而是一项要从基础开始练习，从简单到复杂，从容易之后再到困难的一个过程。如果高校学生遵循原则，基本能达到预期的效果。经过很长时间的实践、探索，人们总结出了一些高校足球运动的训练原则。

具体来看，高校足球运动的训练原则除了有基本的合适的负荷原则、区别对待原则以外，也有训练与比赛相结合原则等。下面就对这些足球训练的原则进行具体的介绍。

1.合适的负荷原则

在进行高校足球训练的时候，该原则是必须要遵守的一个原则，不可或缺，其原因在于其非常影响训练的实际效果，实际效果如何与负荷大小关系紧密。合适的负荷原则主要指高校足球运动员在训练的时候，要严格按照科学的训练计划和要求进行训练，包括训练的任务等，都要科学、合理地进行安排。安排好之后，实际训练过程中的负荷量可以随着在进行训练的过程中高校足球运动员要根据训练要求、训练水平和训练任务，在各个训练环节中科学合理地逐渐加大运动的负荷量，如果达到了所能承受的最大运动负荷量，就需要停下来或者降低负荷。在具体训练的过程中，要充分注意到下面两点（图 2–4–1）。

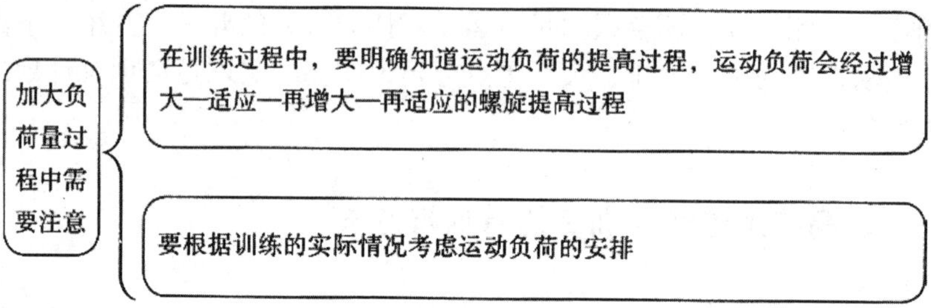

图 2–4–1 加大负荷量过程中需要注意的两点

（据《现代高校足球运动理论与技战术技巧研究》，车岳峰，2018年）

在足球运动训练计划制定的时候，教师这里需要充分准备，不仅要考虑怎样才能达到好的训练效果，还要考虑高校学生自身的特殊性，考虑高校学生本身所能接受的负荷量多少是比较合适的。因为负荷量太大或者太小都不好，适宜的才是最好的。负荷量大了，会对高校学生造成伤害，负荷量小了又不能起到提高训练水平的效果。具体来看，适宜的负荷原则考虑高校学生的两个方面：一方面，考虑高校学生所能承受的负荷强度和负荷量到底有多大；另一方面，考虑不同训练阶段高校学生身体素质水平的高低。根据这两个方面所确定出来的负荷量较为科学。之后，负荷量可以在此基础上循序渐进往上加。

另外，因为高校足球运动最终是希望提高高校学生技战术、身体等水平素质的，所以，即便负荷量要适宜，但不能一直适宜，要想取得进步，还是要将训练中的负荷量达到与高校学生自身训练相匹配的极限阶段，也就是要加量训练。加量训练会带动负荷超量，超量负荷又会反过来提高训练所带来的技战术水平的增长，其原因主要有以下两个方面

（图 2–4–2）。

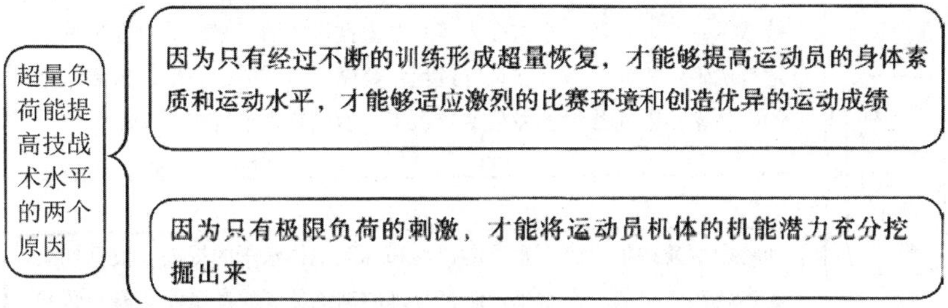

图 2–4–2　超量负荷能提高技战术水平的两个原因

（据《现代高校足球运动理论与技战术技巧研究》，车岳峰，2018年）

2.区别对待原则

区别对待，顾名思义就是根据不同的高校学生，实施不同的训练方法。一般，高校学生因年龄、身高、性别的不同，以及身体素质和心理素质也不一样的原因，在训练时面对同一来球，可能会有截然不同的反应。因此，找到一个适合运动员自身的回球方式是非常重要的，并且，有针对性地选择训练手段、方法，制定科学的训练任务，合理安排运动负荷也能在很大程度上提升对高校学生足球练习的可管理性。

接下来进行细分。首先是进步速度上，学生不同，进步速度不同，会在很大程度上影响教师的整体训练进度安排。因此，教练员要提前做准备分时段、分训练任务来调整不同水平学生的足球运动训练。不然的话，如果大家学习理论知识的时候一起学，训练的时候也一起练，万一有跟不上的，会直接影响整体足球队的水平，训练的结果就会大打折扣，学生和足球教师没有人会愿意看到这一情况，因此提前做到区别对待，训练的结果往往会更好一些。

为了在高校足球运动训练中能够更好地实施区别对待原则，高校足球教师要注意以下两个的事项（图 2–4–3）。

训练过程中要注意的两个事项

- 教师要对学生的实际情况进行深入细致的了解，包括学生的身体素质，技战术水平、年龄、学生能力等。并根据这些情况来有针对性地选择适宜的训练方法。教师在训练过程中要建立丰富的资料库，监测学生的身体素质及技战术的发展变化水平，做到真正了解每一个学生
- 训练中要兼顾学生个人素质的提高和球队整体水平的提高。根据球队的需要和学生的个人水平，制订合理的训练计划。在全面了解全队和每个人的基础上，充分反映全队的特点和个人的特点，既有对全队的要求，又有对个人的要求

图 2-4-3　训练过程中要注意的两个事项

（据《现代高校足球运动理论与技战术技巧研究》，车岳峰，2018年）

3.“三从一大”原则

“三从一大”原则指的是从实战、从难、从严三个方面出发来进行大负荷训练。

首先，训练要求“从实战”的原则足球运动的魅力之一在于其场上的不可定性，理论学得再好不实战，足球运动的魅力就会大打折扣，而且，足球运动是一项参赛者都想要进球赢得胜利的比赛。要想达到这一效果，不从实战角度出发便无法实现愿望。因此，足球训练要根据实际足球比赛的需求，从多个角度，如学生自身素质、球队整体水平出发，制定出有针对性的训练计划。

其次，训练要求“从难”的原则。虽然足球运动训练非常重基础，但是足球运动水平的提高才是训练想要达到的关键目标。只训练简单动作、小难度技术的训练是没有办法提高运动水平的。在训练的时候根据实际对训练的难度进行不断的调整，并且，让训练的难度每一次都比上次高一些，只要难度调整的合理，会让运动员的技术、战术等，也随着训练难度的提高和运动员自身水平的不断上升而呈现不断上升趋势。

接下来，训练还要求“从严”的原则。俗话说：“严师出高徒”，足球运动的训练不是一朝一夕就能完成的，长时间的努力靠的是一点一滴的积累。在一点一滴的小的训练当中，如果能够严格按照教练的要求，有利于保证之后足球运动训练的正常进行和质变产生。同时，据研究表明，严格要求学生进行训练，某种程度上也有利于学生的身体潜能的展现。

“一大”即大负荷。小负荷训练和大负荷训练相比，有一点大家应该

都知道，那就是小负荷训练只能保证基本的运动技能的保持，这一点无论对于学生来说还是对于整个学生球队来说都是不利的。如果坚持小负荷训练，学生个人的运动机能无法提升，队伍整体竞技水平也稳步不前，训练的意义便相当于没有了。因此，要在训练中科学地加一些负荷量，这样直观上既有利于学生个人技战术能力的不断加强，又有利于学生球队整体水平的提高。

4.全面性原则

全面性原则是由高校足球运动训练自身的性质决定且必须要遵循的一个原则，我们都知道，足球比赛要进球，需要跑动、需要脚法，还需要会带球过人、传球等等。如此一来，足球比赛将会带动人全身的各个肌肉、部位参与活动中，对高校学生而言，便是能促进学生综合竞技水平的提高。如果想要让高校学生得到好的实战成绩，就需要保证这个原则得到合理的贯彻执行。

5.一般训练与专项训练相结合原则

在进行高校足球运动训练的时候，我们往往会看到校园中有业余的足球队和校足球队。高校足球运动训练在很多时候，也会和这些足球队的训练一样，分为一般训练和专项训练。一般训练主要是对全身“硬件”的训练，目的在于使高校学生自身的身心素质得到增强。专项训练主要训练足球特有的技战术，如足球中的点球、足球的定位球等，除此之外，专项训练往往还有将盘球训练放入其中。

一般训练和专项训练要在高校学生的训练全程中相互结合使用，具体而言，要在高校学生训练情况和不同训练时期的基础上使用。如果高校学生水平高超，那就可以让他做专项训练来继续提升自己，加大他专项训练的比重；如果高校学生自己的技战术或者身体素质还不过关，就降低专项训练而增加一般训练的任务比重。

除了这个以外，在不同的训练阶段，教师规划一般训练与专项训练的任务量时也要有一定的区别。这时通常需要注意下面的两种情况（图 2–4–4）。

一般训练和专项训练比重的安排情况

- 在多年训练的基础训练和专项提高阶段，训练大周期的准备期的第一阶段和过渡期、恢复调整的小周期，就需要安排一般训练的比重大一些
- 如果在比赛阶段，那么就需要根据实际情况和需要安排专项训练的比重大一些

图 2-4-4　一般训练和专项训练比重的安排情况

（据《现代高校足球运动理论与技战术技巧研究》，车岳峰，2018年）

6.积极主动性原则

不论学习什么运动，自己主动地去参与是学习到东西的重要一步。足球运动相对于其他运动来说，基础练习的时间较长，因此很多高校学生都会或多或少出现不愿意继续训练的情况，他们自己会觉得练球的目的不明，很容易遇到困难就放弃练习。

关于这一点，如何去提升高校学生的积极性对保持可持续的训练计划来说是一个要弄明白的一件事。积极主动的原则非常重要，不可或缺，想要在高校足球训练过程中切实贯彻这一原则，需要做到下面的两点要求（图 2-4-5）。

贯彻积极主动的原则要做到的两点

- 高校学生明确自己参加 足球运动训练的目的，明确自己参加的动机，端正自己的训练态度。明白足球运动可以对自己的自体、学业和心理素质产生积极影响的道理。认识到足球训练的价值，正确使用科学方法，才可以取得最佳的训练效果
- 要使高校学生真正对足球运动产生兴趣，把被动的接受训练变成主动要求训练，应该培养他们对于足球运动的热爱，让他们对于足球运动的产生发展和现状有系统的了解，培养他们对于著名球星的喜爱，这样才可以激发他们对足球运动的热爱情绪，从而主动地进行训练

图 2-4-5　贯彻积极主动的原则要做到的两点

（据《现代高校足球运动理论与技战术技巧研究》，车岳峰，2018年）

7.训练与比赛相结合原则

这一原则通常而言，主要指的是高校学生在日常训练的时候就能参

与到比赛之中。课程设计者可以将一节大的训练课分成一半的训练课，另一半安排成比赛课，以防止教师在教高校学生足球训练的时候只在课堂上教，却不实际让他们进行比赛。

比赛和训练相结合，可以在训练过程中加入比赛的知识并很快运用进去，也能及时发现训练中不易出现，在比赛时却容易出现的一些问题，让训练与实际比赛相互适应。

另外，足球运动也是一项比赛观赏性很强的体育运动，很多人学习简单的足球后就想要参与比赛，在他们眼里可能学足球就是要踢球的，不实际比赛，不仅会极大地打击他们的学习兴趣，也会让训练变得毫无意义可言。因此，将比赛与训练相结合，不仅可以提升足球运动员的参与兴趣，还能够一直推动足球运动员（队）的竞技水平的不断上升。

8.系统性原则

系统性原则就是足球训练要有系统的计划，不能说训练就训练，说训练一天就训练一天，说训练一周就训练一周，这种零散不定的训练是不行的。经过很长时间的足球运动实践我们能够了解到，优秀的足球运动员的出现往往是其长时间的、系统性的训练得到的结果。

努力地去贯彻系统训练的原则可以在很大程度上确保足球运动训练的训练效果。贯彻系统性原则需要注意下面两个方面的内容（图 2–4–6）。

贯彻系统性原则需要注意的两个方法

- 在高校足球训练的过程中要坚持长时间的系统训练，设置合理的训练阶段，并使得每个训练阶段紧密联系起来而成为一个统一的整体
- 注意在高校足球训练中要使得训练周期和训练阶段有机地结合起来，不可以出现间断，课与课之间、周与周之间、周期与周期之间以及各训练阶段之间，在训练内容、重点、方法和运动负荷的安排上要有机地结合起来，使上一阶段的训练成为下一阶段训练的准备，使下一阶段的训练成为上一阶段训练的继续和提高

图 2–4–6　贯彻系统性原则要注意的两个方面

（据《现代高校足球运动理论与技战术技巧研究》，车岳峰，2018年）

（二）高校足球运动训练的一般方法

足球运动训练的方法是决定足球运动训练效果的最重要因素。一般而言，经过实践检验的、目前常用的足球训练方法有下面多种。

1.游戏训练法

游戏训练法就是采用游戏的方式来进行足球训练的方法，它有效地将训练内容与趣味性的练习紧密连接在一起，充分调动学生训练的积极性，在有效的时间内增加训练的效率，使学生养成一种终身锻炼的习惯。比如在足球的跑步教学当中，适当进行一些背对球门的听信号起跑、坐姿听信号起跑等，这种比较有趣的教学方式不仅能够增加学生的训练兴趣与热情，同时还达到了训练的目标，不失为一种较成熟的训练方式。

2.持续训练法

通常来看，持续训练法的持续是有标准的，所谓的标准，主要是训练时间的长或短。有一些足球运动中的技战术，需要的时间长，且中间不能断，这样一来，持续训练法就能够用上了。有一点需要明确，那就是持续训练的时候，运动员应注意自己的心率，运动员的平均心率也是有一定安全范围的，是每分钟130~170次。

3.循环训练法

循环训练法是一种常用的训练方法，对于足球运动的训练来说也适用，一方面，这种训练方法可以有目的性，有方向地对高校学生身体的各部位，如对学生的腿、学生的腰肢、学生的背部等进行训练。循环训练法的每一次循环，都能对训练起到再次巩固的作用。循环训练法的练习方式可以根据训练中的重点、非重点，每次训练内容的具体的量和顺序予以划分。

4.变换训练法

在高校足球运动训练过程中，有好几种变换训练法可以供学生选择和使用，顾名思义我们能够理解这一训练法是对各要素的变换，包括动作的变换法、运动负荷的变换法、训练环境的变换法等几种。

运用变换训练法一方面可以提升各种训练样式，摆脱每天相对单一的训练内容，增强运动员持续训练的心态和身体各部位的训练成效。高校足球运动员在采用变化训练法进行足球训练时，要注意下面几个事项（图 2–4–7）。

- 采用变换训练法的注意事项
  - 在足球运动训练中，运用变换训练法时，要根据训练的具体目标，有目的地变换练习的运动负荷、技术动作的组合、练习的环境和条件等
  - 根据训练计划的基本内容灵活采用合理的变换条件，要有利于技术、技能的巩固和身体素质的发展
  - 在进行技术训练时，在采用变换训练法达到训练目的后，要注意及时恢复到正常情况下的练习。及时纠正错误动作，避免错误动作形成动作定型，增加或减少练习的重复次数与调整间歇的时间
  - 要根据实际情况不断调整训练的负荷，在训练中逐步增加练习的数量，提高练习的强度

图 2-4-7　采用变换训练法的注意事项

（据《现代高校足球运动理论与技战术技巧研究》，车岳峰，2018年）

通过使用循环训练法，一般运动员的某项素质会获得极大提高，坚持使用这一训练方法，运动员的整体素质也会随着训练的进行发生巨大改变。这也直接会影响到足球运动员训练效果的完善。一般而言，在循环训练法中，下面的几个方面是不可忽略的（图 2-4-8）。

- 采用循环训练法的注意事项
  - 在制定循环训练的计划时，要以训练的既定目的作为依据，主要突出训练的重点。内容顺序应根据练习对各器官系统和肌肉部位的不同要求而交替安排，并注意与发展不同身体素质练习的相互交替。训练的节点一般应该安排 7~10 个
  - 在进行循环训练时要特别注意对运动负荷进行合理的安排，一般要以运动员的实际情况和足球运动的项目特点进行具体分析，从而制定合理的训练内容。每站的负荷一般为受训练者所能承担最大负荷的一半。循环一周的时间可以设定为 5~20 分钟，各站之间间歇一般不超过 20 秒
  - 在训练中要通过不同的组合方式使训练尽量呈现出多样性，要合理安排运动的内容和强度。可根据运动员的不同情况，安排各种形式的循环练习，如流水式、轮换式、分配式等

图 2-4-8　采用循环训练法的注意事项

（据《现代高校足球运动理论与技战术技巧研究》，车岳峰，2018年）

5.竞赛训练法

依照竞赛内容的差异，在足球训练的实践中，我们会将竞赛训练法分成适应性竞赛、检查性竞赛、教学竞赛等几种不同的竞赛。在具体使用竞赛训练法时，要了解竞赛训练法的好处在哪里。具体来看，对高校学生的整个身心都有好处，不仅可以增强学生身体训练水平，充分激发学生在训练时候的积极性，还可以在一定程度上迅速提升学生的心理素质。

竞赛训练法严格来讲，是一种以最大的强度完成足球运动训练的方法，同时也属于一种很让人感觉到被激励的训练手段。高校足球运动在使用竞赛训练法进行训练时，要注意下面几点（图 2–4–9）。

采用竞赛训练法的注意事项

- 在训练过程中，要准确把握时机，在运动技能尚未形成之前和疲劳时，不宜采用竞赛法，以免影响刚刚形成而尚未巩固的动作技术，同时也可以防止伤害事故的发生
- 采用竞赛训练时，教师既要注意引导高校学生发挥自己的特点，又要秉公执法，严格执行比赛规则，及时引导和教育学生不要有违规行为出现，提高他们自我控制能力，培养优良体育作风
- 竞赛中要根据高校学生的实际情况确定运动负荷，分配比赛位置。在竞赛训练中，通常易激发情绪与兴趣，而且较难控制和调节练习中的负荷

图 2–4–9　采用竞赛训练法的注意事项

（据《现代高校足球运动理论与技战术技巧研究》，车岳峰，2018年）

6.综合训练法

综合训练法，主要是在一次足球的训练过程中，用了不止一个训练方法的训练方法。一般而言，综合训练法更适合一种训练方法达不到训练效果时足球教师去进行选择。这样，足球教师既可以通过综合训练法完成训练任务，更能在一定程度上让高校学生也能体会到多种练习法交织在一起的感觉。

我们都知道，综合训练法既然可以融合多种训练方法于一体，那它的可选择性就会有很多。可是，在实际选择综合训练法的时候，往往不会那么容易，因为要只有在实际情况的基础上选择并做出综合考虑后选出最适

合的几个训练法组合到一起才成为所使用的综合训练法。其中，有几项因素是要考虑的：①高校学生的健康状况；②高校学生的年龄、身高；③高校学生的心理素质。

7.间歇训练法

间歇训练法是运动员在自己做完一组训练后身体还没有完全休息时继续进行训练的一种方法，这种方法一般情况下，需要一个专业的教师在旁边引导，同时要严格遵循训练的规律和训练间隙的时间要求，这样更能对训练者的身体带来训练之后的变化。同时，间歇训练法还能有效地提高心血管系统和呼吸系统的机能。

在高校足球运动的训练过程中，学生如果使用间歇训练法，需要注意下面几点（图 2-4-10）。

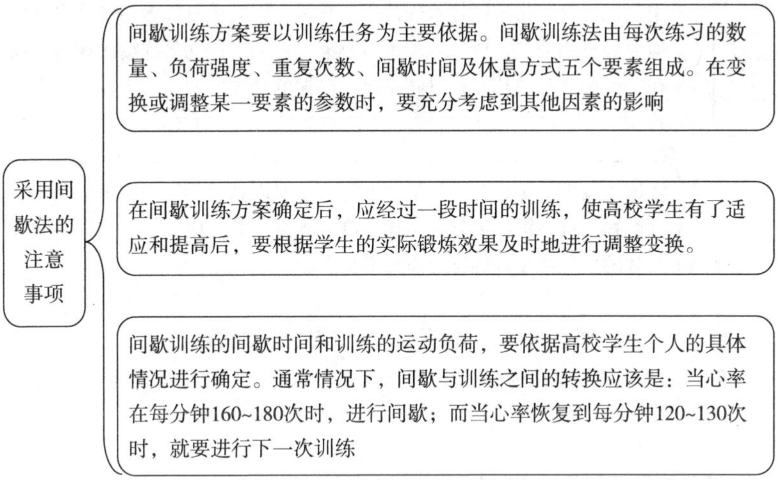

图 2-4-10 采用间歇法的注意事项

（据《现代高校足球运动理论与技战术技巧研究》，车岳峰，2018年）

8.重复训练法

重复训练法主要包括两种，第一种是间歇式重复训练法，即训练完之后歇一会，等身体恢复后再接着进行训练，训练项目可能会变；还有一种是连续重复训练法，也是等训练完之后歇一会，等身体恢复后再接着进行训练，但训练项目不变。经过重复训练，高校学生对于技术动作会形成较大的信心，从而在实际运用中会更加熟练，在实际进行比赛的时候可以有相对稳定的发挥，这也会在很大程度上提高高校学生的意志品质。

重复训练法与间歇训练法有很多相似的地方，不过它们本质上是不一样的。为什么这么说呢，其原因在于，重复训练间歇时间长，而且都是在训练者自己的身体训练完恢复体力之后再进行下一次锻炼的，仅这一方面，间歇训练和重复训练就存在本质上的区别。

在高校足球运动训练的过程中，如果运用重复训练法，高校学生应注意下面几个事项（图 2-4-11）。

采用重复训练法的注意事项

- 重复练习是一项一直重复某一动作的过程，由于练习的枯燥，在练习过程中很容易产生乏味厌烦的情绪。这时就应该利用一些游戏或者小比赛的手段提高运动员的练习兴趣
- 重复练习要严格按照技术规范进行练习，因为重复练习会使动作掌握得更加牢固准确，所以要求练习要准确，如果运动员连续出现错误动作，就应该停止练习，以防止形成错误的动力定型
- 运用重复训练法进行身体素质训练时，要以高校学生的实际情况，有针对性地确定练习数量、负荷强度、重复次数。应尽量采用简单而有实效的已基本掌握的练习作为训练手段

图 2-4-11　采用重复训练法的注意事项

（据《现代高校足球运动理论与技战术技巧研究》，车岳峰，2018年）

二、高校足球运动训练的负荷安排

（一）调控运动训练负荷量的主要形式

“负荷—恢复—超量恢复”被认为是所有运动训练负荷量的一个普遍的规律。通常，高校教师会将实际训练与其联系起来，遵循这一普遍规律，就能够对运动训练负荷量进行科学合理的调控。

1.阶梯式调控

“上升—保持—上升”的训练方法就是阶梯式调控的形式。它通常用在赛前训练的运动负荷计划。从整体来看，这样一种足球运动的调控方式

会呈一个阶梯状往上增加运动负荷。

2.波浪式调控

运动负荷大体的样式为“上升—保持—下降—再上升”的一种调控形式，与“波浪线”类似，这种就是波浪式调控。因为这种调控可以慢慢地加大运动负荷，而没有其他限制，因此在高校足球运动训练的各个阶段都可以运用。

3.渐进式调控

在高校足球运动训练中，还有一种调控方法往往被很多足球教师多次使用，其遵循的是循序渐进的原则，进行的是渐进式调控。在最初的时候，运动负荷很小，但随着时间的推移，运动负荷会在遵循一定规律的基础上斜线式上升。一般这种调控方法不在长期训练中使用，但往往会在短期训练中被教师使用。

（二）训练负荷合适程度的判断方法

想要有效地控制运动训练负荷，就需要先对它有一个准确的判断。一般而言，判断运动负荷的合适程度主要有下面两个方法。

1.依据心理学理论进行判断

在进行足球运动训练的时候，高校学生的心理也会受到多方面因素的干扰，他们除了有自己社团的活动和班级的课业之外，还有自己的个人安排等，因此能参与足球训练并专心致志的学生都是对锻炼有兴趣的，不能因负荷过大而让他们打退堂鼓。研究表明，高校学生在进行实际足球活动时心理会产生很大波动。比如，在大型赛事前，一般都会有高校学生运动员由于压力太大或兴奋过度而一整夜都睡不着觉。

在赛前的训练周，教师可以多为学生设置一些比赛性的负荷练习，如进行对抗性训练让学生热身等。任何形式的比赛在本质上都是在拼强度，因此，在赛前进行负荷训练的时候更需要注重强度，尤其是在训练的内容、训练的方法等方面需要选择适合的强度，具体来说，可以开展模拟训练、变换训练等，这样一来，既注重强度，同时也符合学生日常的训练规律。

从内容上分析，大赛前的训练课会设置一些大负荷的高强度强化训练。虽然，训练课的负荷量和负荷强度的变化会出现波动的情况，但是，万变不离其宗，总体的负荷量水平需要维持在一个高水平上，从而能够对学生在机体强化方面，给予一些应激练习的刺激，从而将学生之前的机体的一种平衡状态予以打破。同时，要细致观察与分析，学生在训练过程中的一些情绪、体能方面的变化、技术动作的成功率，吃住方面的一些表现，从而更加全面与精准地判断学生是否可以接受目前的负荷量，将学生能够承受负荷量的最大能力与水平进行更加精准的判断，这样一来，教师就可以正确地调整学生的实际负荷程度。

在比赛前这个特殊的阶段，有一点需要注意，那就是尽可能地避免让学生参加一些可以争取佳绩的比赛。这是因为一旦学生参加了注重成绩的比赛，那么有可能对学生日后更为重要的比赛时的心理状态与身体状态产生负面的影响，甚至还会对该阶段的训练计划产生干扰。

一般来说，形式各异的训练手段在训练的负荷量达到高峰值时，会持续一段时间，如常规训练方式为赛前的一个月到一个半月，而专项训练方式为赛前的三周到一个月。这也就是说，采用不同手段进行半个月到一个月的大负荷训练，对于学生来说是百益无一害的，它可以帮助学生实现自己的比赛目标。

2.依据生理学理论进行判断

高校学生的身心，一般都会在进行训练的时候发生一些变化，会因运动的负荷量和训练的强度大小的影响而产生一些变化，这些都是很正常的，并且这些变化会呈现出一定的规律。在实际的足球运动训练中，可以通过学生的心率和身体代谢指标的变化来判断训练负荷是否合适。

（1）心率

选择心率作为判断依据的一个很大原因是心率相对来说更加便于测量，在足球运动的实际训练中测定心率，可以通过心率在运动状态下所发生的一系列变化对训练负荷适宜程度进行判断。

（2）身体代谢变化

在测定身体代谢情况变化方面，有两种方法我们更为熟悉，第一种方法是血液检测，第二种方法是尿液检测，不过这两种方法操作起来更加复杂一些，应用得比测心率的方法少，简便程度比不上测心率的方法。

（三）训练负荷大小的决定性因素

在进行高校足球运动训练的时候，有很多因素都会对高校学生的训练负荷产生影响。具体而言，起决定性作用的因素有下面几点。

1.足球运动训练的周期节律

足球运动训练是有周期的，一般主要在以下几个方面中体现，第一是足球运动能力方面会根据周期不断提升，第二是高校学生身体的每一项指标（高校学生的身体素质）会随着训练的周期而产生周期性的变化，还有高校学生的心理方面的起伏变化也会跟随训练周期来变。我们可以根据足球运动的训练周期规律来对高校学生的不同时期应该做的训练进行安排，比如在足球训练的休整期，就应该减少训练的负荷量，提升学生的营养补充等。

2.足球运动专项竞技的需要

足球运动专项竞技的需要在一定程度上会决定训练运动量的大小，这同时也是足球运动的专项特点以及比赛的机制。足球比赛可以根据是否比赛分为比赛周、训练周和恢复周等。恢复周的任务是通过降低训练负荷以及采取各种恢复措施，消除高校学生运动员生理上和心理上的疲劳，以求尽快地实现能量物质的再生，促进超量恢复的出现。

恢复周的训练设置也需要结合专项运动的特点以及负荷程度、学生自身的特征以及日常训练的实际情况来综合考虑。通常，学生在完成一次正式的大型比赛或是进行了长时间的、强度较大的负荷训练之后，教师应该及时地为学生安排恢复周的训练，促使学生的身心状态可以在较短的时间内实现充分地恢复。

纵观各种专项运动，多数项目普遍采用了两个大负荷训练周之后，设置一个恢复周这样的负荷节奏形式。从内容上来看，恢复周的训练较为广泛，这是因为恢复周训练的基本目的就是调整与恢复，从而唤醒处于疲劳期的机体系统。具体来说，我们可以开展一般性的身体练习，如非专项的球类活动、游戏，各种非竞技性的健康健身体操等；恢复周的负荷安排多采用降低负荷强度、减少负荷量的方式。恢复周通常大大降低负荷强度、负荷量，或者适当保持一定的水平。如果比赛周负荷量很小，也可以在恢复周中适当地增加负荷量。

3.高校学生的承受能力

一般来看，运动时的负荷越大，在经过充分休整恢复了之后，高校学生的身心素质都会有所提升。但即便如此，也不能为了提升身心素质而盲目提升负荷量。至少，运动负荷的安排要和高校学生自身的承受能力相匹配，过大或过少都不可取。

同时，高校学生训练时候的表现和心理状态等，都有可能会影响其自身的承受能力。因此，在制定足球运动的训练计划时，要根据实际情况而定，最好是在不同的学生特点的基础上，根据其可承受负荷的能力，科学合理地安排具体的运动负荷量。

三、高校足球运动训练计划的要求与内容

运动训练计划包括很多种类型。

（1）分类标准——训练过程所在的阶段

通常，我们根据运动训练计划的时间长度来划分具体类型，表2-4-1为运动训练计划的分类与任务设置。

表2-4-1　运动训练计划的分类与任务设置

<table>
<tr><th colspan="2">训练计划类型</th><th>时间跨度</th><th>基本任务</th></tr>
<tr><td rowspan="2">长期训练计划</td><td>全程性</td><td>10~20年</td><td>系统培养高水平选手</td></tr>
<tr><td>区间性</td><td>2~6年</td><td>完成阶段性训练任务或准备并参加一轮比赛</td></tr>
<tr><td rowspan="3">年度训练计划</td><td>单周期</td><td>6~12个月</td><td>准备并参加一次或一组重要比赛</td></tr>
<tr><td>双周期</td><td>每个周期4~8个月</td><td>准备并参加两次或三组重要的比赛</td></tr>
<tr><td>多周期</td><td>每个周期2.5~5个月</td><td>准备并参加三次或三组以上重要的比赛</td></tr>
<tr><td rowspan="3">大周期训练计划</td><td>准备期</td><td>5~20周</td><td>提高高校学生竞技能力</td></tr>
<tr><td>比赛期</td><td>3~20周</td><td>参加比赛，创造良好的成绩</td></tr>
<tr><td>恢复期</td><td>1~4周</td><td>促进心理、生理恢复</td></tr>
<tr><td rowspan="3">周训练计划</td><td>训练周</td><td rowspan="3">4~10天
或3~20次课</td><td>提高高校学生竞技能力</td></tr>
<tr><td>比赛周</td><td>参加比赛，创造好成绩</td></tr>
<tr><td>恢复周</td><td>促进心理、生理恢复</td></tr>
<tr><td rowspan="2">课训练计划</td><td>综合训练课</td><td>0.5~4小时</td><td>综合完成多项训练任务</td></tr>
<tr><td>单一训练课</td><td>0.5~4小时</td><td>集中完成一项训练任务</td></tr>
</table>

（2）分类标准——训练的对象人数

根据参加训练人数的不同，运动训练计划可分为个人训练计划和队训练计划。一般来说，个人项目常以个人训练计划为主。随着学生竞技能力的提高，训练计划的个人特点也就越来越明显。同时，在此基础上，适当地组织集体训练有助于提高学生的兴趣和训练效果。特别是对于儿童、少年和初学者来讲，更应增加集体练习的比重，有时还可以以集体练习为主组织训练活动。集体项目的训练，一般情况下，我们会根据队计划组织实施，但需要以个人训练计划作为补充；学生水平越高，这种补充作用就显得越为重要。

（3）分类标准——训练的任务与内容

训练的任务与内容的不同，自然也可以被划分出不同的类型。对于高校学生而言，运动训练将对其产生两大方面的重要影响：一方面，运动训练可以帮助运动员提高自身的竞技能力；另一方面，运动训练可以促使高校学生在竞技场上正常展现自己已经拥有的竞技能力。因此，我们在进行运动训练时，需要针对上述两个方面来制定不同的训练计划，如在提高竞技能力方面，我们可以注重高校学生身体形态与系统各项技能的发展与完善，从而加强高校学生的各项运动素质，同时，还可以加强高校学生在技术、战术以及心理等不同层面的能力；而在培养展示竞技能力方面，我们则可以为高校学生设置一些具有实战意义的各种训练计划（模拟训练、热身赛训练、赛前调节等）。从内容上来看，后一种计划的确定是希望可以进一步培养高校学生在足球场上的实际竞技状态。

综上，不同类型的训练计划都有自己独有的任务，而且在内容、方式、训练负荷、训练活动的组织方面也具有显著的差异性。但是，我们还要看到不同类型的训练计划其实也具有一定的内在关联，它们在相互影响中共同形成一个有机的整体。

（一）高校足球运动训练计划的要求

1.内容安排

对训练计划的内容进行安排的时候，要遵循不同阶段所训练内容的特点和规律，坚持系统性，保证内容安排科学合理，循序渐进，动作由简单到复杂，由一种到多种，在合理前提下慢慢地去加大运动量。

2.比例合理

科学地对足球技战术、素质、基本姿态训练的内容及比例进行安排。

通常在刚开始的时候训练会比较全面，而且更注重基本姿态的正确性，会少一些技术以及比较专业的训练的比例。之后，训练的深度会随着时间的推移而不断变深，然后技战术训练的比例会越来越高。

3.目标适宜

运动训练目标是人为设定的，每一个运动训练主体在设定训练目标时，都会面临着一个人为选择的问题，即目标定得高一些好，还是低一些好。

依所设定的训练目标与运动员实际可能之间的比较，可将运动训练目标分为适宜的训练目标、过高的训练目标、过低的训练目标三种。不同适宜度的训练目标会训练以及比赛活动带来不同的影响。

对于任何一项运动来说，教师在为学生进行目标确定的时候，不能超出学生的极限，也就是说，学生的实际情况才是确定目标的关键性信息，通过对这些有效数据进行科学与合理的分析，才能确定学生未来可以提高的具体程度。通过这种方式所获得的训练目标对于学生来说就是适合的训练目标。

只有训练目标合理且具有可实现的空间，那么学生才可能被训练目标所激发，在训练中严格听从教师的指导，不断地突破自己的运动极限，甚至能够以超出预期的表现来完成目标，展现出自己在该项目的巨大潜能。

一旦确定的训练目标，不符合学生的情况，如目标过高，那么就可能出现，学生为了达成目标，而揠苗助长，最终伤害了自己的身心健康，不但没有完成任务，甚至还影响了学生的运动生涯；反之，如果设置的目标过低的话，那么学生可能会在心理与生理上产生松懈，从而影响训练的成效。

4.固定、灵活

计划的制订通常要考虑很多因素，除了要考虑不可变因素，如足球运动必须要训练的技战术等，还要考虑可变因素，如足球训练场的天气状况等。一般计划一确定就不应该改变，但是因为可变因素有很多，因此，要在不变的基础上做出一定的调整，将固定与灵活结合，这样才能更好地完成训练任务。

（二）高校足球运动训练计划的内容

1.制订课时训练计划

（1）课时训练计划的概念和特点

课时训练计划是高校足球运动训练里最具体的一项训练计划，具体到每小时之内要做哪些训练。一般是作为周训练计划的一部分加进去的，是每一堂足球运动训练课的大体计划，只有依照课时训练计划，把每堂课的训练任务完成了，才能保证每一天训练任务，每一周训练任务的完成。因此，课时的训练计划会受到教师的重视，一般不仅会在自己的教案中充实内容，而且还会在课堂中对高校学生的实际每节课的训练效果进行考查。

（2）制订课时训练计划的基本步骤

第一，明确训练的具体任务有哪些。课时训练的任务，除了必要的足球技战术方面的训练和高校学生自己身体和心理方面的训练外，还有一点常常被人忽略掉，那就是还要进行适应比赛的训练。在课时训练中安排这些训练任务，主要的目的是想将时间充分利用起来，增加高校学生应有的训练分量，只要做好规划，按规划的课时训练，可以根据具体情况调整每一课时的训练任务，训练完就可以。不过通常而言，每堂课确定一到两个具体的训练任务就够了。

第二，合理安排训练的内容和时间。训练内容包括宏观和微观的训练内容，宏观上包括开始阶段的训练内容、准备阶段的训练内容、基本阶段的训练内容和结束阶段的训练内容几个方面。其中，在进行准备阶段的训练的时候，往往会在训练之中加进去一些热身或者专项的训练。不过在多数情况下，身体素质训练、技战术训练等内容都是必不可少的内容，该部分的内容大约会在课时训练中占比80%左右，时间和比重成正比，时间上也会占用百分之八十的时间，剩下的时间可用来做放松运动，最大限度地消除高校学生的运动疲劳。

第三，合理安排运动负荷。通常在计划课时训练运动负荷的时候，有几个因素需要考虑，第一个是每堂课的平均负荷情况，第二个是课堂训练间隙的调整休息时间有多长，第三个是课堂中大的负荷量的训练总共有几次。当训练任务有差异时，要在该技战术实际情况的基础上再对所需的运动负荷进行科学化的安排，这样做有利于运动负荷安排的可行性。

第四，制订合理的检查方法。在每一次的课时训练中，或者教师本人，或者教师请比较积极一些的学生对用到的场地提前进行统计和记录，同时，教师本人应该对训练课的时间和这节训练课训练了哪些项目，并分别训练了多久有所记录，对高校学生的技战术水平以及场地的规格都做到心中有数，只有这样才能够真正保证高校学生持续有效地进行运动训练。

2.制订周训练计划

周训练计划是训练的一个最基本的周期，除了包括每周的训练任务和训练的时间、课程以外，还会有一定的运动量及其他训练方面的要求等。

这周的训练计划和下周的训练计划要衔接。

（1）周训练计划的概念和特点

周训练计划，顾名思义是每周要训练哪些内容、怎么训练的一个计划。如果想让一周制定的训练计划执行落实到位，教师就需要制定周训练计划。周训练计划的特点就是与其他计划相比，周训练计划能够完全实施的可能性是最大的。

（2）制订周训练计划的基本步骤

第一，明确训练任务。每一周的训练任务都要清楚，这是制定周训练计划最先要准备好的。在开展运动训练之时，如果训练的时间不一样，那么训练任务也会不同，就算是在同一个时间段里，每周需要完成的训练任务也会有比较大的区别，这关系到整个训练计划安排，同时也和每个教师的教学习惯有很大的关系。

第二，确定训练内容。在制订周训练计划的时候，要按照具体的需要和要求计划好每周的训练内容。因为这是一个周的训练内容，所以训练计划一般情况下会分成多个方面的训练，并且划分很明确，比如某天的心智训练、然后是身体的训练、最后是技战术的训练等。

第三，确定训练手段与方法。在周训练计划中要确定好训练手段和方法，至于如何确定，主要是根据参与足球训练的高校学生的训练内容和他们的负荷要求来确定的。

第四，确定训练次数和时间。制定周训练前需要将高校学生的实际水平摸清，然后划分标准，根据不同的学生等级安排训练的具体次数。在高校的足球运动训练中，一般情况下的训练次数会在8~20次不等，或多或少。

第五，确定运动负荷。周训练的强度应该根据实际情况分为不同等级，如大的强度、小的强度等，在具体训练的时候，要将大强度、中等强度以及小强度的训练项目有机联系起来，结合到一起，总体上让运动的负荷强度和负荷量有高有中有低，即波浪式的负荷变化。

3.制定阶段训练计划

阶段训练计划包括准备阶段、基本阶段、比赛阶段、恢复阶段。实际上，阶段训练计划属于年度训练计划的一部分，它是年度训练计划的主要环节，应按照年度训练计划的不同时期和不同任务来制订。

制订阶段训练计划的基本步骤如下。

第一，明确提出本阶段训练的目标和任务。

第二，制订合理的检查措施。

第三，合理安排训练负荷。

第四，合理分配训练内容和比重。

第五，确定本阶段的训练时间。

4.制订年度训练计划

年度训练计划与周训练计划以及多年训练计划之间有很大的差别，但是又同属于战略性框架式上位计划。顾名思义，年度训练计划就是一年之内所制定的训练计划。在制订年度训练计划的时候，一定要参考多年训练计划的要求和任务，同时还要与上一年度的训练计划相互衔接。

制订年度训练计划的基本步骤如下。

第一，确定当年的指导思想与训练目标。

第二，具体分析球队当前的状况。

第三，制订合理有效的检查措施。

第四，合理划分训练阶段。

第五，明确训练内容和手段。

5.制订多年长期训练计划

在多年长期的运动训练中，高校学生需要有耐心、有恒心地将长期训练计划有效地执行下去，确保计划可以正确地指导训练实践。

（1）多年长期训练过程的不同阶段

从时间跨度的层面来分析，长期训练多指训练时间持续两年以上的训练，而且，长期训练还可以根据时间与内容的不同而被细分为下属的两个层次，即全程性的长期训练与区间性的长期训练。其中，全程性长期训练过程的定义为从开始参加竞技训练、经过系统的训练培养达到个人的竞技高峰、直到最终退役的整个历程；而区间性长期训练过程则是全程性多年训练过程中具有特定任务的、阶段性的多年训练过程（表2–4–2）。

表2–4–2　长期训练过程的基本层次与任务

	层次	时间跨度（年）	基本任务
1	全程性长期训练	2 ~ 6	完成阶段性训练任务或准备并参加一轮大赛
2	区间性长期训练	10 ~ 20	系统培养高水平运动员

鉴于连续性与阶段性是运动训练过程所具备的两大基本特征，我们有必要将长期的训练过程在内容上进行阶段性的分类。近年来，业界的专业

人员对运动的长期训练过程进行了深入分析。尽管不同的专业人员结合的案例不同，或认知角度的不同，导致结论上并没达成统一，但是，相关的结论都无一例外地对运动训练过程的阶段性特征做出了统一的认知。具体而言，多数结论都呈现出了如下的一种基本组织架构："早期启蒙—打好基础—全面提高—实现最佳—保持水平—终止生涯"。

（2）区间性长期训练

长期训练全过程中每一个特定的时间区域，都构成一个区间。区间性多年训练计划，是对两年以上特定比赛周期的训练过程的安排，如奥运会、亚运会、全运会等。

①基础训练阶段。基础训练阶段旨在提高高校学生的一般运动能力。因此，教师应该在该阶段注重学生协调能力与基本运动技能的培养。同时，训练的内容也应该根据学生自身的情况而定，如性别、年龄等。一般来说，根据学生的年龄，我们可以从最基本的柔韧训练开始安排，然后设置有氧耐力训练与快速反应训练，之后逐步安排最大速度和速度力量的训练，最后再设置最大力量、无氧耐力和力量耐力的高难度训练。

基础阶段的负荷安排，应遵循循序渐进的原则。对于年龄尚小的高校学生来说，负荷的量一定要适中，并且慢慢增加负荷量，使有机体产生新的生物适应，从而有效地提高竞技能力。根据很多世界一流运动员的实践结果表明，在年龄尚小的阶段，运动员在基础训练阶段的负荷越多就越有可能造成伤病情况的出现，严重时还会提早结束他们的职业运动生涯。

②专项提高和最佳竞技阶段的训练计划。通常，高校学生在接受一段时间的基础训练后，就会从基础训练阶段转入专项提高阶段，同时，训练一段时间后高校学生在竞技与素质的所有方面都表现出了成熟的一面，此时，高校学生的竞技能力达到高峰，从而由专项提高转入最佳竞技阶段。

在这里需要强调的是，专项提高与最佳竞技阶段之间并不存在绝对的划分界线，尽管这两个阶段对高校学生的负荷要求有很大的差异，但是这两个阶段却又是相互承接，彼此影响的。

高校学生进入专项提高阶段后，训练负荷呈波浪式递增走势；当进入最佳竞技阶段之后，由于经常承受高强度的负荷和高水平激烈的竞赛，加之伤病积累的影响，使其难以继续承受大负荷的训练，因此，这一阶段训练负荷的安排应细致。

③竞技保持阶段的训练计划。随着年龄的成长，在达到最佳竞技年龄之后，高校学生的体能会不受控地下滑。长时间紧张训练，使得高校学生在创造优异成绩之后，对继续参加训练的激情下降。但是，此时高校学生的竞技水平还是很高的，再经过合理的恢复训练，是可以继续取得优异成

绩的。

随着现代体育教育的不断进步，各个专项运动的教师都日益注重已经位于竞技保持阶段的高校学生的运动训练以及内容上的设置。在这个阶段，教师需要做的就是给予高校学生充分的信心与鼓励，让运动员可以保持一个稳定的心理状态。与此同时，结合专项运动的特征、规格与要求，进行合理的训练安排。一旦高校学生出现了伤病，必须要高度重视，及时将高校学生送往医院进行治疗与恢复，尽可能保证高校学生的竞技能力不会因伤病而出现消退。

对于全程性长期训练的过程来说，其主要涉及的阶段也都以提高高校学生的竞技能力作为中心，并且积极承担着相对应的训练任务。换言之，全程性长期训练包括了基础训练阶段的打基础、专项提高阶段的提高专项竞技能力、最佳竞技阶段的能力整合、始终维持在运动竞技能力的高水平上（表2–4–3）。

对于高校学生的长期训练过程而言，其训练阶段是相辅相成的。例如，上一个训练阶段是下面一个训练阶段的前提条件，而下面的训练阶段则是上一个训练阶段的一种延续。另外，教师事先设定好的训练任务与目标体系会成为长期训练过程的“引领者”，这样高校学生在进行不同阶段的训练时，可以借助训练内容、方法以及负荷程度的设定来将训练的构成要素事先有效地结合，使其成为一个有机的整体，从而有效提高高校学生的各种竞技能力。

表2–4–3　全程性长期训练过程的具体规划

<table>
<tr><th rowspan="2">训练阶段</th><th rowspan="2">主要任务</th><th colspan="2">训练的重点内容与顺序</th><th rowspan="2">负荷特点</th></tr>
<tr><th>体能主导项目</th><th>技能主导项目</th></tr>
<tr><td>基础训练阶段</td><td>发展一般运动能力</td><td colspan="2" rowspan="3">①专项技战术
②专项心理品质
③训练理论知识</td><td>循序渐进留有余地</td></tr>
<tr><td>专项提高阶段</td><td>提高专项竞技能力</td><td>逐年增加逼近极限</td></tr>
<tr><td>最佳竞技阶段</td><td>创造专项优异成绩</td><td>在高水平区间起伏</td></tr>
<tr><td>竞技保持阶段</td><td>努力保持竞技状态水平</td><td>①心理稳定性
②专项技战术
③专项运动素质
④训练理论知识</td><td>①心理稳定性
②专项运动素质
③专项技战术
④训练理论知识</td><td>保持强度明显减量</td></tr>
</table>

（3）全程性长期训练计划的制订与实施

现如今，体育界各个专项的竞技水平都在社会的发展中实现了进步与发展，因此高校学生竞技能力的要求也应提高。

从国家层面来说，进行科学的多个层次与级别的选拔人才与长期的系统训练是培养世界一流水平运动员所必须完成的内容。其中，最为重要的就是教师对运动训练过程的完整、科学地把握与控制。

由此可见，我们应该对长期的训练过程进行具体的设计与规划，使其具备系统化与层次化，这样才能保证我们制定出来的长期训练计划是科学、高效的，从而促进高校学生的竞技能力可以在正确地计划的指引下，实现较大程度地提高。

①发展高校学生竞技能力长期性的需要。高校学生的体能水平，以人体各个系统的形态和机能为基础，表现于力量、速度、耐力、柔韧等各项运动元素。通过一个个细胞成分的改变和代谢能力的提高来实现发展，需要一个长期的过程。对这个训练过程需要系统地做出规划，在训练内容、方法、负荷安排等方面保持必要的连续性，才能保证体能水平的持续提高。

对于高校学生来说，无论是进行何种类型的专项技术训练，训练的过程永远是充满艰辛的，各种各样的高难度技术动作都是运动员在技术训练中需要完成的基本内容，而运动技巧就成为进行高难度技术训练的目的。

长期训练计划的有效指导促使能力训练的合理结构可以和系统产生密切的关系，在不同的阶段也可以设置不同的训练重点。

②发展高校学生竞技能力的阶段性需要。在训练过程中，高校学生机体的生长发育具有典型的时间性和序列性特征，构成高校学生竞技能力的体能、技术、心理、知识等要素都有特定的适宜发展年龄阶段。另外，各个要素之间的内部结构也具有明显的层次性，也就决定了竞技能力的发展必然具有时间上的序列性。由此，竞技能力状态转移所具有的阶段性特征，也决定了运动员竞技能力状态转移的完整过程，必然是由若干个彼此相关联的不同阶段组成的；各个阶段有着各自特定的核心训练任务、关键训练内容、训练负荷要求等，并在总体上实现协调发展，以保证训练过程的整体连续性。

③全程性长期训练计划的内容设置。在长期训练的过程中，训练的内容设置与不同的训练阶段所呈现出来的差异有关。其中，注重高校学生各种运动能力提高的阶段为基础性训练阶段，而协调能力与基本技术为该阶段的重点内容；而对于专项提高阶段以及最佳竞技阶段而言，由于高校学生自身的基础性能力与运动水平已经达到了一定的程度，因此，专项竞技

能力便成了训练的主要内容。

不同的专项运动的能力要素有所不同，如体能主导类项目注重专项运动素质，如马拉松等；而技能主导类项目注重专项技能，如跳水等；技战能主导类项目注重专项技能与战术能力，如球类运动等；技心能主导类项目则更加注重专项技能与心理素质，如射击等。

由此可见，当高校学生进入高水平的保持阶段，心理素质将成为训练的内容中最为重要的部分。另外，在不同的训练阶段，高校学生的竞技能力可以发挥的作用也有所不同。

我们以技能主导类表现唯美性项群作为案例进行分析，虽然，高校学生的基本动作训练在长期训练的过程中始终存在，但是在基础训练阶段和专项提高阶段的训练中所占的比重会有所区别。

由此可见，当高校学生正式进入专项提高阶段时，教师必须要对运动员的基本功训练进行渐进式设计，从而帮助高校学生打下扎实的基本功，使他们可以顺利地转入下一个训练阶段。

④全程性长期训练计划的负荷安排。在不同的训练阶段，为了实现阶段性的训练目标，需要在训练计划中有针对性地安排适宜的训练负荷。其中，在基础训练阶段考虑到高校学生竞技发展的长期性以及身体能力的局限性，要避免施加过大的训练负荷，需要根据项目特点进行循序渐进的安排；而在专项提高阶段和最佳竞技阶段，参加高水平赛事的竞技要求高校学生接受更大负荷的训练，而此时高校学生的身体已具备了负载更高水平训练负荷的能力。因此，在这两个阶段的训练中，训练负荷应逐渐增加，也正是在这个过程中，高校学生的机体受到更高水平的训练刺激，竞技能力逐渐达到更高水平。在高水平保持阶段，训练负荷更需要结合高校学生的实际状况来设计，训练的强度可以保持很高的水平，但是总体的负荷量就要适当地减少了。

第三章　高校足球运动的教学设计

在高校足球运动教学实践中，教学设计是必不可少的内容，甚至可以说，教学设计搭建了整个教学训练过程的架构。只有制订切实详细的教学设计方案，才能保证教学进度稳步向前，教学效果日益突出。为更好地论述高校足球运动教学设计内容，本章的论述核心分为如下三部分：高校足球运动教学目标设计、高校足球运动内容设计以及高校足球运动教学评价设计。下面分章节具体阐述。

第一节　高校足球运动的教学目标设计

对于高校足球运动教学而言，正确合理的教学目标是开展教学实践的基础，而高校足球运动教学目标又与体育课程教学基本目标具有高度重合之处。同时，高校足球教学目标设计的每一步都具有其重要意义。另外，高校足球运动教学目的设计中的核心部分：高校足球运动教学方法设计，需要教师深刻理解足球运动教学的重要性和价值，了解其内涵，这样才能保证足球运动教学方法设计在程序上、内容上、成效上都可圈可点。

一、高校体育课程的基本目标、发展目标和足球运动教学目标

根据国家要求高校对本校学生开展体育教学的相关规定，体育教学任务至关重要。为了顺利完成国家规定的体育教学任务，高校应合理设置体育课堂。在这里需要分析和研究的核心便是如何正确地设置体育课堂的目标。目标就是达成任务的指南针，有了它体育课堂才有了开展和发展的方向。由此可见，体育课堂目标具有很强的指导性。可以说，合理科学的体育课堂目标可以帮助教师设计出符合学生需要和教学需求的体育课堂，同时，正确的体育课堂目标也是评价体育课堂质量的重要切入点与基本前提。更直接地说，高校体育教学想要达到的预期正是体育课程目标。基于此，设置体育课程日标是重点更是难点。

由于不同的学生在身体素质方面具有差异性，结合这一情况，国家发布了《全国高校体育课程教学指导纲要》，把课堂目标进行了更为细致地划分：基本目标和发展目标。前者的考虑依据是多数高校学生的身体素质情况，后者则主要考虑到少部分具有体育专长学生。

无论是教育目标，还是培养目标，科学合理的学习目标都是最重要的前提条件。为了帮助教师更好地设计学习目标，继续细化学习目标是非常有必要的。根据学习的层次，将学习目标划分为课程学习目标、单元学习目标和课堂学习目标。在层次高低不同的学习目标中，经过更加细致的分析和划分，数个课堂学习目标被划分出来。之所以高度重视课堂学习目标，这是因为它直接决定了学习目标的存在价值和意义。

二、高校足球运动的教学目标设计

根据上文的相关论述，可知教学活动预期实现的结果正是教学的目标。那么高校足球运动教学活动所希望实现的结果也正是高校足球运动教学的目标。而后者需要通过分析和研究学生在进行足球运动学习后预期所发生的各种行为方面的不同表现。基于此，对于足球运动教学而言，最为重要的组成内容便是足球运动教学目标的设置。所以，科学合理且富有教学可行性和实践意义的教学目标能够成为帮助体育教学向正确方向发展的“照明灯”。

（一）高校足球运动教学设计的四大要求

1.明确性

“明确性”的核心内容为，高校足球运动教学既需要有较为明确的教学目标，又要有一定的导向性作用。明确性重在帮助学生与教师共同依据教学目标，并以完成它作为主线，高效合理地组织管理教学过程，并积极进行教学活动，同时教师可以在掌握教学结果以后，开展更为严格和标准的检测。需要强调的是，规范性术语的使用是教师科学严谨地制订足球运动教学目标的重要保障。

2.具体性

“具体性”的核心内容为，教师在设计高校足球运动教学目标过程中需要更加迎合足球运动的基本教学内容，从而更加生动和具体地反映出学生的学习行为。同时还要能够细致分析和介绍本节足球运动课堂会帮助学生掌握哪些足球运动的理论和实践知识，以及足球运动实战技能。与此同时，教师还需要提出切实可行的达标要求。

3.全面性

“全面性”的核心内容为，教师设置的所有教学课堂都应该和高校足球运动教学目标息息相关。基于此，教师在设计教学目标的过程中，全面考虑不同方位的综合因素显得格外重要，应该将目标划分为主要、次要以及其他等几大类，便于完成足球运动教学目标。

4.灵活性

“灵活性”的核心内容为，教师在制定足球运动教学目标的过程中应依据各个标准来开展。具体而言，教师应“因材施教”，根据学生各个类型和具有差异化的层次，制订出适合各个层次和水平的足球运动学习者的教学目标。在这里要注意的是，一旦教师在足球运动教学中，发现现实课堂上的情况超出预期，则应该迅速调整，结合实际情况，制订更为恰当的教学目标。

（二）高校足球运动教学设计的编写步骤

1.领会与掌握足球运动纲领性文件

如今，足球运动火爆全球，而足球运动也在世界各个国家的高校中得到普及和发展。在中国也是如此，足球运动教学在高校体育教学中占据了重要的位置。从这个角度来看，足球运动在我国高校中也具有扎实的发展基础。

高校体育教师应该深入阅读和领会足球运动纲领性文件，从而提高对高校足球运动课堂的认知程度，同时也可以对课堂的总体目标、具体目标、切实的教学要求、教学的方式途径以及内容有更为深刻的理解和掌握。

2.编写富有层次的足球运动教学目标

教师在基于上一步的学习领会后，结合自身所掌握的足球教学的相关规律和基本特征，完成足球教学总体目标的设计，然后，再根据这个总目标来安排不同学习阶段、不同的领域以及不同水平的具体教学目标。

3.结合足球运动的本质规律设计学习目标的层次与衔接

世间所有的事物都有其自身的发展规律。足球运动亦是如此。在制订足球运动的教学目标的时候，应该从足球运动这项具有强对抗性运动的基本运动规律切入。

具体来说，教师需要将教学目标的基础确定为足球运动技术的基本形成规律以及技战术的构成规律。

①教师需要从学生的身体素质训练出发，结合足球运动的技战术学习以及足球战术，科学合理地制订足球运动教学的目标。

②教师通过各种训练，培养学习者的身体素质，使其基本达标。同时，学习者也应初步理解和掌握了足球运动相关的基础技术与足球战术的打法理论。

③当学习者已经掌握上述知识理论后，教师可以再教授一些高难度的技术和战术。由于技术是战术的基础，在日常足球运动教学中应注意教学内容的先后顺序和层次。

④最后，教师应该帮助学习者了解和掌握无对抗条件下的足球运动技术和战术，同时开始学习与掌握具备一定对抗强度或高强对抗条件下的足球技战术技巧。

4.不同角度出发设计足球运动学习目标

结合《全国高校体育课程教学指导纲要》的内容和相关精神，教师在制订足球运动学习目标的过程中，应该注意学习目标表述的严谨性和全面性。学习目标需要涉及具体对象、行为、条件、标准等各个要素的表述。

（三）陈述的具体方法

通常，足球运动教学的目标涉及四大方面的内容：教学对象、教学条件、教学行为和教学标准。体育教师在领会相关纲要性文件后，将文件中提出的足球运动教学的不同层次和不同方面的目标作为基础，并把它进一步发展和落实。

1.足球运动学习目标的表述

（1）行为表述

通常，在普通的高校足球运动教学过程中，“掌握”“体会”“提高”等动词经常出现，但上述词汇的表述缺乏科学性与明确性。由此可见，教师在教学中表述行为的时候，最好运用动宾结构的短语，同时附加一些具体的说明内容，从而让自己给学生描述的学习目标更为合理且可以细致观察。

例如：

①（能）做出头顶球的动作；

②（能）列举出射门技术的动作过程；

③（能）在教学性比赛中做出胸部停球的动作。

（2）条件表述

条件表述指在任何条件下，学生都可以对某一动作的完成进行简单的描述，条件重点涉及时间、环境、信息等多个因素。

例如：

教师可以在课上布置任务，要求学生“通过自我阅读教材后，能说出运球过人的动作要领”。具体分析，通过自我阅读教材就是条件，当然这里可以是学生理解掌握之后的自行说法，还可以是在他人的提示下描述出来的内容。

（3）标准表述

标准表述指学生可以细致描述出行为的结果。通常，标准可以行为的速度、准确性、质量等方面予以确定。

例如：

教师可以要求学生在规定时间内双脚连续颠球数十次，或要求学生在球门前的罚球区外射门１０次，至少应有 6 次可以射到球门的左上角。

（4）学习目标表述

学习目标表述环节可在基本要素前增加对象要素，使要求更为具体。

例如：

教师可以在课堂上布置，要求大一的学生应通过练习后，原地用双脚连续颠球15次以上；与此同时，要求大二的学生可以在行走中通过双脚连续颠球25次以上。

2.足球运动技术的学习目标

（1）运球技术的学习目标

运球技术的学习目标主要涉及三个方面：学习者可以说出运球技术的基本知识以及具体的练习方式，有一定的专项身体素质。可以娴熟完成足球多种运球技术与突发情况的应变技能。

（2）踢球技术的学习目标

踢球技术的学习目标主要包括四大方面：可以说出踢球技术的主要原理与基本的练习方法，能够娴熟完成多种踢球技术和传球、射门动作，具有机智勇敢的优良精神品质，以及用力踢球所需的身体力量素质。

（3）接球技术的学习目标

接球技术的学习目标主要包括四方面内容：具有一定的专项身体素质，如一定的身体协调性与灵敏性；具备来球观察、现场局面形势的判断能力等优秀的心理品质；可以在原地，甚至是跑动过程中娴熟完成各种接球技术与技能；能够全面指出接球技术的基础性知识以及多种训练方式。

（4）假动作技术的学习目标

假动作技术的学习目标基本包括三大方面内容：可以清晰说出怎样运用假动作技术的基础知识，具有较强的灵敏素质，可以娴熟完成各种假动作技术及技能。

三、高校足球运动的教学方法设计

（一）基本构成要素

从本质上来看，高校足球运动教学是以高校学生的实践活动以及身体素质训练为核心的。由此可见，以学生的身体练习为主要特点的教学方式是高校足球运动教学方法的主要内容。在各种身体练习中，练习方法是最为基础，也是最为重要的。下面将重点讲解几种足球运动教学的练习方式。

在众多教学方式中，体能练习的运用频率最高，下面将重点介绍足球运动的技战术练习方式。在进行足球运动教学的过程中，科学高效的方式手段应该与教学原则相一致，需要满足教学的基本条件、教师自身的教学能力、教学任务、学习者的学习积极性、教材的特征等。

在足球运动的技术教学和战术教学中，练习法也是高校教师经常使用的一种高效教学方式。该方式旨在用大量的练习来帮助学生更好地理解和掌握足球运动的动作技能。下面将讲解足球技术练习法的组合要求，旨在面对采用何种练习方式的时候，能够综合考虑不同的因素，如教学任务、教学条件、教学对象等来完成不同因素的组合。如此一来，教师便可以采用不仅符合教学任务，而且满足教学对象需要的最佳方式，从而达到促进知识信息传递和提高学生足球运动技能的目的。

1.要素：活动方式

（1）活动方式之静态活动

静态活动多指在原地开展的一系列练习活动。在足球运动中，了解和掌握踢球动作就是一种静态活动。具体来说，教师应指导学生开展原地的无球模仿练习，旨在让学生切身体会击球和摆动腿的动作，从而让学生在脑海中形成一个基本的动作表象，为接下来的高难动作奠定基础。之后，让一名学生把足球固定好，然后另一名学生踢固定球，深入体会击球的正确部位与基本方式。

（2）活动方式之动态活动

动态活动多指在运动状态下进行的一系列技术练习活动。动态活动旨在提高运动员的技术水平。在动态活动中，学生的活动路线并非固定不变的。除此之外，学习者的活动范围应根据学生的技术水平而定，如果学生的技术提高了，那么活动范围理应给予扩大。

与此同时，在控球技术方面，学生在学习的时候，通常先利用直线运球，运用纯熟之后，再选择曲线救球，慢慢过渡到直线与曲线相结合的阶段。

2.要素：活动速度

这里的活动速度多指学生在进行各种练习的过程中，其他的实际跑动速度、动作的完成速度以及组合技术中单独技术动作连接起来的速度。教师在指导教学过程中，应结合学生在技术动作方面的了解和掌握情况，适时调节活动速度。可以慢慢提高要求，从慢到快，最后达到跑动快、完成动作快、动作衔接快的目的。

3.要素：动作组合

动作组合，顾名思义，多指把无数个技术动作有机结合起来。一般来说，刚刚接触足球的学生都将完成单个技术动作作为学习和练习的重点。当足球技术水平得到稳步提升之后，学生可在教师指导下进行组合技术动作的练习，如接球—运球—传球等。

4.要素：练习次数

当学生初步掌握一些基本动作之后，教师需要针对这些动作进行巩固训练，通过反复的重复练习，促进学生运动技能的快速发展，从而达到形成动力定型的作用。与此同时，当教师发现学生的技术动作有不当之处时，一定要立刻予以指正，避免造成错误的动力定型，而纠正后的重复练习也非常重要。

5.要素：练习人数

事实上，教师在教授同一个班级的时候，使用的练习方式是一样的，在这种情况下，参加练习的人数便和练习的密度密切相关。人数越少，密度越大。所以，教师在起初安排学习的过程中，应该控制练习人数，从而便于学生更好地巩固和掌握技术。在学生已经具备一定的技能之后，教师便可以灵活控制人数。

6.要素：对抗程度

足球运动是一项对抗性极强的体育项目。对抗程度指在练习过程中，对手参与的激烈程度。对于刚刚接触足球运动的学生来说，对抗程度不应过高，适度即可。日后，当学生的技术水平达到一定地步的时候，教师应及时提高对抗程度，慢慢提高练习的难度，从而更好地适应比赛的实际需求。

7.要素：限制区、线

通过正规球场上的区域、线条和圆圈，或自行规划和设置部分区域、线条和圆圈等，教师能够更加科学合理地控制指导练习的范围，既可以便于组织足球运动教学，同时又能够让学习者在脑海中形成正规比赛场地是有区域限制的意识。

8.要素：练习信号

在开展组织教学的过程中，教师应充分利用各种练习信号以达到有效控制学习者练习的目的。通常，教师面对水平较低的学生时要选择听觉信号，如口令、哨声等。当面对具备一定水平的学生时，教师便可以选择更为方便快捷的视觉信号，如手势等。通过在练习过程中加入练习信号，可以让学习者锻炼自己综合运用各种感官的能力。

基于此，在开展战术教学的过程中，教师需要结合比赛的实际要求、器材设备、学生的能力与水平、学生的人数、练习的场地以及战术练习的任务来选择和规划战术练习方式。

（1）练习场地

练习场地一般分为大场地和小场地。前者对提高学生有氧和无氧运动的耐力，中、长距离的传球能力和接应能力，以及基本运球方式和运球过人能力而言，非常有帮助。由此可见，大场地更适合进行整体性的攻防战术练习。后者则更注意个人能力的提升，如可以促进学生提高局部短传及接应各种“二过一”战术配合能力，同时还可以提高灵活处理各种来球的能力与技术。

（2）球门

足球战术练习中主要有以下几种设置球门的方法。

球门的设置在练习过程中也非常重要。通常，为了体现战术练习的有效性和真实性，教师会在战术练习中先行规划一个攻守目标。这是因为当学生将攻防战术练习的目标设定为球门的时候，可以更加清晰地看到攻防的方向，了解攻防的目的。教师也可以通过球门的巧妙设置，高效地指导战术练习。设置球门的方法不外乎如下三种：设置一个球门、设置两个球门以及设置多个球门。第一种旨在有效提高与改善部分区域一些特定攻防战术套路的练习，第二种旨在深入获取攻防转换和攻防相关的练习信息，从而培养学生在部分位置或全场范围的攻防及攻防转换能力；第三种的基本特征为攻防面宽、点多，具备一定的动态性，这种练习方式有利于学生更好地转移进攻方向，更加全面地选择进攻点，同时还可以提高学生快速移动防守重心的应变能力。

（3）练习分组

对于不同层次的高校学生来说，分组练习是最为有效也是最具有针对性的。具体来说，教师可以根据学生的实际情况，将学生初步分为三个大组：位置组、能力组以及“线”组。第一组的分组依据是在球场上，球员的具体位置和职责。根据位置进行的分组便于学生提高自身的基本技战术能力。第二组的分组依据多为依据学生的竞技水平，这种分组便于教师在足球运动教学过程中可以有针对性地进行内容的教授和练习，从而达到激发学生练习积极性的作用。最后一组是根据场上位置而来的。教师将学生分为前锋、前卫、后卫线队员。相同线上的学生或相邻位置的学生进行组合，这种分组便于培养起场上局部球员之间的默契度。

（5）中立队员

教师在涉及足球战术练习的时候，安排中立队员（接应队员）也是一种可以丰富足球战术练习的方式。具体而言，教师可以结合足球战术练习的实际需求，规划设定某种练习情景。为了让学生可以具有更高的参与热情，体验成功的喜悦，教师可以适时降低进攻的难度，从而达到增强学生自信心，更加迅速和深入地了解与掌握足球技战术动作和战术配合的相关内容。

（6）攻守方向

设置好足球的攻守方向也可以在练习场上锻炼与培养学生的足球技战术能力。具体而言，攻守方向可被分为无明确攻防目标和有明确攻防目标两种。其中，前一种为没有球门的，多用于培养和提高学生一般的传球、控球能力，以及加强足球战术配合的水平。后一种为有球门的，该练习法重在提高学习者在赛场上的攻防方向感，熟悉自己的场上位置以及局部感，对于足球战术的运用更加轻车熟路。

（7）练习规则

所有的体育项目都有自己的练习规则，而规则的制订也是为了实现预期的某种目标。这点在足球运动训练中也有所体现。通常，教师为了实现某个特定足球战术练习的目的，会根据实际情况和练习规律，合理地制订出符合情景的足球运动练习规则，下面进行具体介绍。

第一种为无越位规则。教师设置这种规则旨在使学生更好地感受球门前的攻守交锋，同时还可以让学生在练习中不断提高自己朝球门推进的进攻意识与能力，也能够使学习者具备一定的防守紧逼盯人的水平。

第二种为限制触球次数。这种规则的设定可以让学生充分意识来球，在赛场上，可以发挥自己的观察能力、判断能力，同时不仅可以提升学生传接球和快速触球的能力，而且还可以培养学生快速正确摆脱跑位以及接应能力的意识。

第三种为限制长、短距离传球的次数组合。教师设定该规则是为了让学生在完成一定量的短传之后再完成中、长距离的传球。这种规则旨在锻炼学生的控球能力，不仅可以帮助学生提高短距离传接球的水平，而且还可以加强学生长传转移的技术能力。

第四种为限制活动区域。这种规则便于教师锻炼前场球员接应中、长传和突破射门的技术水平，以及后场球员在快速反击方面的能力。例如，教师可以安排包括守门员的全场9对9的攻守练习，先把正规球场划分为三等区，同时强制要求双方球员都不能在中区活动，这样一来，全场便产生了一个前场和后场都为4对4的攻防对抗场面，此时的前场与后场的连接仅能依赖于中、长距离的接应和传球。

（8）练习区域

合理规划练习区域能够让练习更具有层次和针对性。通常，初学的学生在练习足球技战术阶段多数应选择较大的练习区域，便于学习与掌握。之后，当学生的水平得到一定水平的提高之后，教师就需要思考是否要缩小练习区域，以进一步提高能力。除此之外，如果当场进行战术练习的人数多，那么教师就需要选择较大的练习空间，反之，则选择小一点的练习空间。

（9）对抗程度

正因为足球比赛激烈刺激，它才深受人们的喜爱。对于足球战术教学而言，能够在对抗紧张激烈的情况下积极使用合理有效的战术配合才是终极目标。由此可见，教师在设计与实施足球技战术教学过程中需要贯彻两大基本原则：对抗与竞争。想要确定足球战术对抗的程度，就需要将参考的依据设定为把学生实际的技术能力与学习期间的实际情况。

i.弱对抗

弱对抗主要用于培养球员之间的默契。具体来说，弱对抗指的是教师在安排练习的时候，提前规定攻防两方或单独一方进行消极的或人数不对等的攻防对抗方式。这种训练方式为在场的学生们提供了十足的攻防空间和时间。由此可见，弱对抗具有锻炼与增强学生技战术综合应用能力的作用。另外，弱对抗还可以起到培养整体与局部攻防配合的默契配合程度的作用。

ii.强对抗

强对抗自然比弱对抗增加了实战性和激烈程度。其显然便于教师通过练习增强学生的攻防实战水平。在开展足球技战术演练的时候，教师理应正确恰当地选择多样的强对抗的练习方法，便于让学生对真实的比赛有更深刻的理解与认知。

（二）选用依据

作为实现教学任务与教学目标所使用的重要方法、基本手段与途径，高校足球运动教学方法需要教师认真选择，学生认真感受与体会。高校足球运动教学方法的选用依据主要涉及如下七大方面：教师自身的条件和特点、学生的具体实际情况、教学资源情况、高校足球运动教学的规律和特点、高校足球运动教学的目标、高校足球运动教学的时间和效率、高校足球运动教学内容的安排。

（三）练习方法的设计

事实上，多数高校体育教师在日常的足球运动教学中都会选择各种各样的教学方式与手段，以达到实现教学任务的目的。随着素质教育改革的深入，高校课堂更加注重互动性与学生的主体地位，以促进学生的全面发展。基于此，具有创新性与科学性的教学方式与手段才能够激发学生的学习兴趣。同时，科学有效的教学方法还将直接影响最终的教学效果。

根据国家颁布《高等学校专业教学标准》的内容，高校足球运动教学要求专业教师应结合各种教学对象、任务、环境等，科学恰当地设计和选择足球练习方式。由此可见，高校足球运动教学方法的设计要将科学性和合理性放在首位。

在具体设置高校足球运动教学方法的过程中，教师应综合考虑和使用方法要素变化的多样性，合理布置切实可行的足球技战术练习任务，从而实现教学总目标。在进行教学手段方法选择的时候，足球运动教学的任务、基本原则以及教材特点都是需要充分考虑的内容。

第二节　高校足球运动的教学内容设计

在高校足球运动教学的完整架构中，内容设计是必不可少的一环。作为承上启下的部分，它不仅仅是教学目标设计的实现环节，更是后续教学评价设计的重要前提。下文将从内容分析、内容安排两大方面出发，介绍科学的高校足球运动教学内容设计应该如何呈现。

一、高校足球运动的教学内容分析

（一）足球运动教学内容的组成

在高校足球运动教学中，足球运动的教学内容占据了重要的地位，其指的是一种足球运动知识与技能体系。进行足球运动的教学内容设计旨在实现足球运动的教学总目标。作为一种体系结构，它具有一定的层次，涉及三大板块：项目、单元以及课程。其中，课程是最大的概念术词，它一般是通过无数个单元共同组成的。单元在这里指的是知识的模块。

根据概念所述，教学内容涉及不同的项目，而这些项目之间具有一定的关联性。这种关联性体现在两种形式上：其一为序列练习，主要指的是构成教学内容的各个组成部分是依据某一种次序而排列组合的；其二为整体和部分之间的联系，具体而言，它指的是教学内容的一个方面是另一个方面的组成要素。其实，各个构成部分在大部分教学内容中表现出来的联系具有综合性的特征。

如果将上述概念引入足球运动教学中，那么高校足球运动教学的研究就是对高校学生开始能力变化为终点能力所需要的从属知识和技能，以及纵向、横向关系进行具体分析的过程。

（二）足球运动教学内容的选择

体育教师在选择高校足球运动教学内容的过程中，为了科学合理地制订教学内容的纲要，应将需要学习者理解与掌握的知识和技能融入其中，以达到完成高校足球运动教学目标的目的。

体育专业的球类课程教学指导纲要中粗略地提出了一些基本的教学内容。教师应根据指导纲要的要求选择具体教学内容，在对教学内容的选择上要注意以下几点。

具体而言，体育教师应站在教学内容宏观层面以及教学规定的角度，结合教学目标来选择足球运动的教学内容。事实上，足球运动属于体育专业中的球类运动。而我国也发布了有关球类课程教学指导纲要，并指出了部分基本的教学内容。足球教师可以按照指导纲要中涉及的具体要求来完成教学内容的选择。在具体进行采用、选择的过程中，足球运动的教学内容应体现如下四方面：①体现理论与实际的有机结合；②体现系统性、教育性和科学性的有机结合；③体现趣味性和实用性的有机结合；④体现统一性与灵活性的有机结合。

（三）足球运动教学内容的组织

在初步选择教学内容时，要根据足球运动项目的规律和特点安排组织，在遵循教学系统性和逻辑性的前提下，组织教学内容时应注意以下几点。

在开始进行足球运动教学内容选择的时候，教师应按照足球运动的基本规律与基本特征进行组织。教师应将遵照执行教学系统性与逻辑性作为基本前提，并在组织教学内容中体现如下三个方面：①关注足球运动教学内容之间的横向联系；②体现从整体到部分的逐渐分化；③根据事物发展规律排列。

二、高校足球运动的教学内容安排

通常，足球运动的教学内容设计可被划分为介绍部分、一般部分、重点内容和练习内容；而划分的依据正是足球运动教学内容的重要程度、难度和练习的价值等。

（一）介绍内容

重点讲解足球运动出现频率较低的技术内容和战术内容。介绍内容主要为了帮助学习者更好地接触与了解足球运动的技能。介绍内容可以穿插在不同层次中，安排的学时可以少一些，重复的次数不宜过多。

（二）一般内容

一般内容所需要的学时不多，适中即可，同时可以安排少量的重复课程。在足球运动中，一般内容主要指的是会出现在实战中的足球技战术。作为开展足球运动所需的基本技能，一般内容出现次数比介绍内容要多，但在整体教学中占比不应过大。

（三）重点内容

重点内容是足球运动教学内容安排的核心。它主要包括足球运动中重要的技术与战术方式。重点内容是高校学习足球运动的学生必须熟练掌握的技能。同时还是高校学生在学习足球运动中慢慢形成的足球运动技能的重要内容。

（四）练习内容

练习内容与上述三部分内容最大的不同在于它需要学习者的持之以恒。具体来说，练习内容是足球运动教学中对了解与掌握足球技战术所需要的熟悉球性类与身体素质类的相关内容。想要掌握上述内容，离不开学习者的长时间坚持。为了保证练习内容的熟练掌握，可设置在不同的教学单元与课程中，尽量不使用过多的教学实践去开展练习内容。总之，安排练习内容的核心在于积极融入教学课堂中，将技术与战术有机地结合，系统坚持、全面兼顾。

第三节　高校足球运动的教学评价设计

从概念上来看，教学评价指的是在能够获取的教学相关信息对整个教学实践过程和其实际成效的价值进行的一种具有科学性和客观性的判定。从作用上来看，教学评价旨在给学生以鼓励促使学生更加努力地学习和训练，从而达到完成课堂目标的目的。作为最基础和最重要的环节，教学评价在素质教育飞速发展的大背景下，开始改进和完善。

原先，高校足球运动的教学评价只涉及对学生学习足球运动的体能和运动技能的综合评定，却没有涉及和学生息息相关的素质的培养评价，如学习态度、合作、学习的过程和方法、情感，以及习惯养成等。这造成以往的足球运动教学评价无法激发学生进行足球运动学习和训练的兴趣，学生自然无法获得运动的激情。另外，缺乏精神层面的认可与喜爱，造成部分学生无法通过学习和训练培养刻苦锻炼的精神、积极向上的体育价值观以及责任感。

对于体育运动项目来说，天赋确实很重要，因为有些人依靠天赋，只要稍微努力一下，无论是体能还是运动技能都能达到优秀的标准。但同样有部分学生不具备“体育细胞”，为了获得效果，不断努力，但终究无法得到好的结果。这也在一定程度上影响学生学习和训练的自信心和自尊心，自然也会失去对足球运动学习的热情和积极性。由此可见，无论是课程设计，还是学习评价，教师都应该牢记学生的全面发展才是教学的核心。

事实上，足球运动的教学评价工作并非一蹴而就，一到两节课肯定无法得到正确的结论，因此在评价过程中，需要以哲学观点，即整体的、联系的观点看待评价过程。具体而言，高校足球运动教学需要考查足球运动教学的总过程和教学任务完成的整体情况，只有这样才能保证足球教学评价的中肯客观。在各级足球运动课的教学过程中，由于开展信息反馈和调节的一大关键环节就是合理、准确的评价，为督促学生学习、改进教学方式，促进改革，完善教学管理，积极进行高校足球运动的教学评价设计是非常有必要的。

一、足球运动教学评价的基本程序

（一）足球运动教学评价的准备工作

教师在具体进行足球运动教学评价工作之前，应该首先确定为什么进行教学评价、由什么人来评价以及评什么。这些问题也是设计评价方案最初应该思考的问题。

评价方案，指的是一个以教学评价目的为前提的整体性方案，涉及评价的对象、方式和工作，评价指标体系及实施步骤等部分。

第一个问题：为什么进行教学评价？其含义为明确评价目标。一次特定的足球教学评价，在评价的组织、内容和方法上具有差异性。

第二个问题：由什么人来评价？其含义为教学评价的组织。事实上，在各个类别的评价活动中，无论是组织形式，还是构成人员皆为不同。由于部分评价至关重要，应组织专业的评价机构。正因为足球教学具有探索性和选拔性的基本特征，应邀请专家进行评价。

第三个问题：评什么？其含义为设计评价指标。为了完成评价任务，应开展综合评价，或者对某个方面开展评价等。评价指标的含义为评价目标某个方面的具体规定，是具体化、可测量和可操作化的目标。在高校体育改革中，应结合体育课程的发展规律，全面建立多元的学习评价体系，从而充分发挥评价的激励、发展功能，同时提出相应的评价建议。基于此，高校教师可以完成促使学习者开展自我评价和相互评价的工作，只有将过程性评价和终结性评价进行有机结合，才能有效提高学习者学习足球运动，以及练习足球的积极性。

（二）足球运动教学评价指标的设计

①将足球运动教学目标予以分解。第一步，开始评价指标的拟定工作。例如，足球运动教学领域和目标，足球运动教学的内容、效果和方法等。第二步，应分解出详细的二级指标。例如，把“教学方法”分解为条理清楚、示范得当、联系实际、指导得法等几项内容。第三步，依照好坏做好A、B、C、D四个等级的三级评价指标，从而完成足球教师教学质量评价指标体系的设计。

②明确足球教学指标体系权集，按照所有指标的重要程度，进行权重与权集的确定与划分，从而为量化分析打下基础。前者的含义为确定各指标同评价结果之间重要程度的关系集。后者的含义为相应的指标对达到目标的影响程度。

③开展专家论证，为了验证指标，需要从理论结合实践的方式判读其是否符合评价要求。

④可先试行修订，之后在小范围内尝试发行。根据客观情况，可以对指标体系进行调整，使其更具合理性。

（三）足球运动教学评价表格的设计

当完成上述步骤之后，教师需要思考收集与处理足球运动教学评价消息的多种方式，同时完成表格的设计，为接下来进行足球运动教学评价打好基础。

（四）足球运动的教学反馈

所谓教学反馈就是通过教学活动的结果来控制与调节日后的教学活动。而足球运动的教学反馈则重点覆盖三方面内容，下面进行具体介绍。

1.产生综合判断

完成评价后所形成的定量或定性的结果是产生综合判断的重要依据。教师基于此形成综合性的意见，同时获取是否达到一定标准的结论。

在这里需要强调的是，如果教学评价是较为正规的评价则应该撰写评价报告。

例如，在为足球学习者完成某个练习和活动所撰写的评语与成绩，在上某位体育老师的足球授课之后所得到的结论等。

2.研究诊断问题

为了改善教学，应该进行综合判断评价。基于此，教师应针对相关问题进行研究，从而寻找到问题的关键性节点。

例如，有效评价学习者对于足球运动基本技术的掌握情况将利于学习者知晓学习过程中的成败。由此可见，研究诊断问题是一种可以积极改善日后学习的一种高效的方法，另外还可以起到激励学习动机的作用。

3.收集资料

通过足球运动教学评价，体育教师能够发掘部分优良，或者具有代表性的学习典范。对于教师而言，这既是教师努力教学的成果，又是日后继续开展足球运动教学最为直观和便捷的教学资料。这是由于学生更愿意也更容易接受同年龄段人的思维方式、技法的表现水平等。与此同时，通过学习优秀的范例，学习者的积极性和兴趣也可以被激发出来。

二、足球运动教学评价的内容

（一）教学常规的评价

为确保足球运动教学工作的正常开展，足球运动课的教学常规必须积极进行。具体而言，足球运动教学常规就是结合足球课的任务和要求，根据本地区本学校和学生的实际情况而制定的对师生的基本要求。

对于足球运动实践教学来说，教学常规的制定与执行，对于建立正常的教学秩序，严密的教学组织非常有益，同时对加强学生的思想教育，培养守纪律、讲文明、懂礼貌等优良品质具有突出效果。但一般说来，足球课教学常规的评价应建立如下指标。

1.课前工作

课前，教师需要结合课时计划的安排，对场地器材进行检查和安排，确保课堂教学的顺利进行。教师需要课前主动将课的内容和要求通知学生或体育委员。同时，教师应注意仪表，穿好运动服，提前到达规定的集合地点等候上课。

2.准时集合上课

上课时间一到，班级的体育委员应及时在指定地点集合整队，核对出席人数。整队后向老师报告出勤情况，之后，教师做好出勤记录，检查学生服装。迟到的学生需要说明原因，经教师允许后方能归队。下课时师生互道再见。

3.课堂服装

在足球课上，学生穿着具有一定的要求，如学生需要穿运动服、运动鞋，而大衣、裙子、高跟鞋、凉鞋之类的穿着不能出现在课堂上，另外也不能戴帽子、头巾，不带有碍运动的物品，教师应检查并教育学生执行有关规定。

4.做好准备、整理活动

教师要时刻提醒学生注意安全，并提出具体的安全要求，做好准备活动和整理活动，严防伤害事故。

5.教学小结

下课前，教师要召集全体学生，对本节教学内容进行总结，并适当留有课外练习作业。下课后学生按教师要求收好器材。

（二）对学生技术练习质量的评价

评价足球技术练习的质量，需要根据不同技术练习的特点和教学训练的任务，详细制定评价的内容和方法。

1.动作的准确性

动作的准确性主要指的是学生要完整准确地完成预先规定的练习，让动作符合要领的要求。评定动作是否准确，可以对技术的各个环节进行检查和评定，也可分析动作是否符合运动解剖学和运动生物力学原理的要求。动作的准确性主要从以下方面进行检查和评定。

①动作是否正确，要看是否通过合理的技术方法达到预期的目的和要求。检查动作的准确性，不仅要看动作本身，还要看动作的效果。

②可按动作的结构，分析练习时的技术特征和动作要素，按一定标准一项一项地评分，累计起来就是动作准确性的测定结果，再对这一结果分

析评价，找出问题并指明努力方向。

2.动作的协调性

动作的协调性主要指的是在练习中身体与身体各部分的协调配合，动作顺序合理，以及动作各要素的协调配合。动作的协调性、经济性、准确性三者具有密不可分的关联。如果动作不协调，那么动作的经济性与准确性也不能得到保证，更不能高质量地完成动作。

3.动作的缓冲性

动作的缓冲性主要指的是动作的弹性和缓冲力。大部分技术动作都有明显的缓冲阶段。部分动作的缓冲性基于运动技术本身的要求，如守门员的落地动作。部分缓冲动作基于对身体保护性的要求，如跳跃时的落地动作。由于缓冲动作可以表现出完成练习的合理性、正确性，动作缓冲性是评价技术练习质量非常重要的指标之一。

（三）练习密度与运动负荷的评价

评价足球课教学质量的两个重要指标：足球运动教学中练习密度和运动负荷。通过对课的密度的测评，及时掌握教师支配教学时间是否合理及单位时间利用率的高低等具体情况；通过对运动量的测量与评价，可以看出教师在课堂安排与人体机能变化的一般规律以及动作技能形成的规律是否符合，是否有利于完成各项教学任务。

1.足球课密度的评价

足球课的密度，是课中各种活动合理运用的时间与课的总时间的比例，也可称为一般密度。通常，足球课的活动可被划分为如下几类：教师的指导，学生做练习、相互帮助与观察、练习后的休息、组织措施，这些活动中某种活动合理运用的时间与课的总时间的比例，这便是该种活动的密度。

对于教学任务来说，课的总体密度和各种活动密度的安排是否合理，直接影响教学任务的效果。通常，课的一般密度越大越好，这是由于它表明合理运用的时间比重越大，浪费的时间越少。为了评价足球课的密度和课中各种活动所占时间的比例安排得是否得当，需要建立一些具体的指标。

①课的密度和各项活动时间的分配，教师要依据课的具体教学任务和要求，并结合教材特点和学生负荷能力，以及对场地器材、上课时间与气

候等条件进行周密而合理的设计与准备。

②教学组织应该严密无缺陷。作为课堂教学的组织者、引导者、实施者，教师要努力提高课堂教学的效率，减少不必要的组织措施和队形调动，要保证整队调动迅速并符合要求，场地器材设备的布置便于教学，课中的分组教学和分组练习符合学生特点和教学要求，如从某个阶段的教学或练习过渡到另一阶段应恰当、经济、自如等。

③教师的教学方法、技巧的运用应灵活、合理、有效，如讲解是否简明、突出重点，教具演示应恰到好处。教师示范应准确无误；练习的次数和休息的安排应合理交替。另外，教师还要灵活地运用练习中的休息时间进行讲解、示范、纠正错误动作等。

④教师需要调动学生学习的积极性，使学生做到自觉地遵守组织纪律，积极发动学生互相帮助，提高课堂时间的利用率。从上课开始到下课为止，以秒、分为单位，把课中各种活动的时间全部记录到登记表上，然后及时区分所用时间的合理性，并加以归纳整理，登记在记录表中。

在得出各项目的合理与不合理使用时间后，要分析不合理时间使用的原因是什么，指出改进的意见，力求使课的一般密度达到尽可能大的程度，不浪费时间。

2.足球课运动负荷的评价

足球课的运动负荷，指的是学生在课中做练习时所承担的生理负荷，它包括负荷量和负荷强度两个方面，反映练习过程中身体的生理机能变化。

足球课运动负荷是否合理将直接影响足球课质量的评价工作。这是由于人的机体形态、机能的改善与提高、技术的掌握和技能的形成，都需要以一定的负荷量和负荷强度的刺激为基础。

在开展教学实践过程中，教师需要根据学生的机能能力的改善与提高，逐步而适度地增加运动负荷。科学合理地安排运动负荷，对增强学生体质，掌握与提高足球技术、技能，提高运动成绩，防止伤害事故，具有重要的意义。为评价足球课运动负荷是否合理，以下考查指标可供参考。

①运动负荷的安排应遵循人体机能活动变化的规律，遵循循序渐进、逐渐加大的原则。这是评价的第一也是最重要的指标。

②运动负荷应根据课的任务和要求来安排。课的任务不同，运动负荷也应不同，如复习课要比新授课的运动负荷大些。

③运动负荷的安排应考虑到教材的性质、活动范围、难易程度、练习

强度，以及学生生理特点等内容，如学生练习生疏的技术动作和练习熟悉的技术动作的运动负荷要有所不同。

④安排运动负荷时需要考虑到学生的其他体力负担量，气候变化以及学生的生活制度等因素。

运动负荷的测评方法分为如下三种。

①观察法：从学生完成动作的质量、动作的准确性、控制身体的能力，从学生的呼吸、出汗量、脸色、面部表情、声音以及学生做练习时的积极性等方面来判断运动负荷是否合理。

②学生自我感觉法：以学生的饮食、睡眠、精神状况、对练习的兴趣等方面的自我感觉来判断运动负荷的大小。一般来说，运动负荷适宜时，学生自我感觉良好，精力旺盛，肌肉活动协调，反应灵敏，无任何不舒服的感觉；运动负荷偏大时学生感到中度疲劳，并有疲乏、腿痛、心悸等感觉。

③生理测定法：用仪器检查和评定学生的脉搏、血压、气体交换、呼吸频率、肺活量、体温变化、尿蛋白等方面的情况来评定课的运动负荷。这些方法比较复杂，一般在足球课中常用用手测定脉搏的简易方法来评定课的运动负荷。

（四）运用足球运动教学方法的评价

教学方法指在教学中为完成一定教学任务而采取的途径或手段。足球运动的教学方法多种多样，最为常见的是讲解法、示范法、完整法与分解法、练习法、游戏法、比赛法、预防和纠正错误法、电化教学法等。科学地评价教师使用教学法的正确性对于评价足球运动教学工作来说也是至关重要的。评价教学法的选择运用需要从以下几方面判断。

1.是否依据教学任务与内容有针对性地选择教学方法

为完成任务服务，方法必不可少，而任务内容不同，方法也会有所不同，如在传授足球运动知识和动作要领时，主要采用讲解法；而在学生掌握和巩固技术技能时，多采用示范与练习的方法。

2.教学法的选择是否符合学生特点

针对不同年龄阶段和不同性别的学生，教师在完成教学任务的途径和方法上需要有所差异，如少年儿童可多采用游戏的方法进行技术训练，青少年多采用以讲解、示范、练习等方法。

3.教学方法的选择是否注意综合性

事实上，虽然足球运动的教学方法各不相同，但彼此之间是有关联的，在运用时要灵活地配合使用，使每一种教学法都成为整个教学过程中重要的环节。学生技术动作的掌握与错误动作的纠正，通常可借助不同的教学方法实现，配合使用有关的教学法会提高教学效果。在学习新的技术动作时，应综合使用讲解法、示范法、练习法。

4.教学法的选择是否注意到教学各阶段的不同情况

在起初掌握动作阶段，教师应多采用讲解示范和分解练习法，在改善与提高动作阶段，可以采用完整练习法，在巩固与运用自如阶段，主要采用以完整法为主的重复练习。

5.是否有所创新

除在运用各种教学方法时应遵守该方法的一般要求外，教师还需要在深入调查研究、钻研教材的基础上，从实际出发，创造性地运用各种方法，创造和发展新的教法以便更好地完成教学任务。

（五）足球运动教学中的思想品德教育工作的评价

对于高校体育教学工作来说，对学生进行思想教育，培养顽强的意志品质，树立良好的体育作风，是其重要却又基本的任务。同时，思想品德教育也是体育教学任务能够顺利完成的前提。所以，足球运动教学中的思想品德教育工作评价，就成为足球教学工作评价的重要内容之一，需要根据以下几点进行考查评价。

①体育教师应做到结合教材特点和教学活动的特点，有意识有目的地对学生进行思想品德教育，把思想政治工作有机地融合在足球教学之中。

②教师应有针对性地运用说服劝告、典型榜样、评比竞赛、表扬和批评等方法对学生进行恰如其分的思想品德教育，并坚持严格要求与启发诱导、耐心说服相结合，教育与批评相结合，以及从实际出发、区别对待的思想品德教育原则。

③教师应做到以身作则，在课堂教学和课外交往中，以自己表里如一的言行，规范整洁的仪表、充满信心和严肃认真的工作态度、坚韧不拔的意志品质、文明高尚的品德修养等，去教育和影响学生。

与此同时，为了评价足球运动教学中的思想品德教育的效果，以下指标至关重要：

①学生集体需要形成互助友爱风气和集体主义观念；

②学生应养成听从指挥，遵守纪律的良好习惯；

③大多数学生应对足球运动训练有明确的目的和浓厚的兴趣。

第四章　高校足球运动的训练研究

随着足球运动的不断发展，高校足球运动教学除了进行技术和速度等的训练外，还不断加入战术内容，同时越来越重视高校学生自身的身心素质，越来越关注与足球运动教学、训练有关的营养与卫生保健，下面将对其进行深入研究。

第一节　高校足球运动实用技术教学与训练研究

本节为高校足球运动实用技术教学与训练研究，将高校足球运动实际会用到的技术一一列出，并分别以教学、训练为出发点对其进行阐述，具体内容如下。

一、无球技术

作为一种拥有丰富技术构成的竞技运动，足球不仅拥有多样的有球技术，如争抢球和控制球技术等，而且还需要球员具备较强的无球技术能力。事实上，在激烈的竞技比赛中，球员经常要完成无球技术，换言之，球员常不直接控制足球，甚至不进行球权的争夺。具体而言，在赛场上，通常只由本队的一名球员直接控球，有效完成有球技术，其他队员都需要完成无球技术。在长达一个半小时的规定时间内，球员的控球时间实际也就10分钟左右，剩余的80分钟都在完成无球技术活动。分析当今世界优秀的足球运动员的技术能力，可知他们既拥有超强的有球技术，又具备高超的无球技术能力。

如今，不同的国家对足球运动项目中的无球技术的动作结构的分类标准是不同的。其中，运用最多的四种无球技术动作是跑、变向变速、起跳和假动作。

（一）无球技术之跑

在足球运动的跑动中，球员不需要像田径运动员一样需要具有爆发力的腿部蹬伸动作，换言之，足球运动员并不要求下肢拼命脱离地面。基于此，球员在90分钟内能够随时依据现实赛况及时改变跑动的方向。但在无球跑动过程中，球员的步频和步幅都应根据实际赛况随时调整。例如，球员在争夺球或靠近对方球员的时候，可以减小跑动步幅，同时提高步幅，尽可能降低自己的重心，并且减小自己全身的前倾角，从而通过控制身体平衡，达到及时完成足球技术动作的目的。反之，如果球员需要快速跑动，则需要提高自身的步频和步幅，尽可能避免身体起伏过大，以达到追赶对手球员或争夺球权的目的。

与此同时，在实际跑动过程中，球员的上肢摆臂也有一定的要求，即双臂不能直接接近身体，通常不进行和跑动方向平行的摆动动作，而是让身体保持平衡，尽可能进行小幅度的水平摆动，并向侧方摆动，从而起到及时更换方向的作用。

其实，在实际比赛过程中，球员会根据战术要求，选择恰当的无球跑动，如侧身跑、快速跑、曲线跑、折线跑等。

（二）无球技术之变向变速

对于足球运动员来说，在比赛过程中经常需要不断变化跑动的方向，如突然停止、减速、启动或加速。只有在赛场上恰当运用无球技术，才能在瞬息万变的比赛中争抢有利时机和位置。

一般来说，球员在进行变向跑动的过程中，要尽可能避免降低跑动的速度。想要做到这一点，应降低自己的身体重心，同时减小自己的步幅，并使脚尖成为改变动作的转向点。另外，为了减少因改变方向而造成的时间、速度损失，球员转向时要稍微倾斜，选择自己的脚掌的侧边或者脚跟用力蹬地，达到提高制动力的目的。

如果球员想要完成突然加速动作，应及时调整跑动姿势，也就是说，球员要让自己的身体向前方倾斜，尽可能降低身体重心，使其落在自己的前脚掌上。

在完成突然启动跑动的时候，球员的身边状态并非始终稳定。因此，在进行突然启动时，不管实际情况如何，球员的身体状态应是较低的，同时要尽可能让自己的重心迅速向前移动，通过让肌肉进行爆发式的收缩运动而尽快让身体状态从静止中出来，尤其在双腿用力蹬地的时候，要快速伸直自己的髋、膝、踝关节，从而完成具有爆发力的后蹬动作，让自己身体快速前移。另外，球员还可以通过迅速摆动自己的双臂来提高身体前移的速度。

在各种变向变速技术中，急停最为常见。其可被划分为急停和转身急停两大类。这对于想要尽快摆脱对方球员的足球运动员来说是非常有效的。

（三）无球技术之起跳

我们观看足球比赛的时候，经常看到球员会原地起跳去争夺球权的画面。可见起跳技术在无球技术中的重要性，其可以帮助球员完成空中球的抢夺。另外，这种技术动作也经常和其他无球动作有机结合共同使用，如急停、跳起顶球和转身。同时，起跳技术还是有球、无球技术的重要构成内容，如各种停球、各种踢球等。球员在实际比赛中，通过对场上局面的全面观察，正确恰当地判断起跳时机甚至可以决定比赛的走向。

起跳技术的重点在于起跳的高度和时机。通常，球员为了尽快抢到空中球，会提高自身垂直悬空腾起的高度，这就要求球员应完成正确及时的起跳。正是因为足球运动中的起跳是为了抢夺暂时悬空的足球，起跳的目标不稳定，所以球员无法像跳高运动员一样提前确定好自己的起跳点、跑动的步幅，只能通过判断足球在空中的运动路线和场上球员所在位置来确定自己的顶球点，从而进一步确定自己的起跳时间和起跳点。

一般来说，球员可在原地起跳和跑动起跳中选择。前者一般为双脚起跳，后者则是单脚起跳。而球员应具有双脚都可以起跳的技术。为让自己的身体可以在空中保持一定的悬空时间，球员在起跳时应让自己的下肢有力地蹬地，从而获得地面对身体的反作用力。

（四）无球技术之假动作

假动作，顾名思义，就是通过各种灵活敏捷的肢体技术动作，转移对手的注意力，造成对手判断失误，做出无意义的肢体动作。由于足球运动中的假动作使用范围大，结构多样，球员的假动作能力可成为评价技术能力的重要指标。

无球假动作的基本构成为真实动作与虚假动作。通常，先完成虚假动作，再完成真实动作。另外，球员务必要在完成第一个动作之前，提前确定下面要完成的动作环节。同时，球员在进行假动作的时候，要及时判断对手是不是已经对自己的假动作有所反应。通常，如果对手能够及时对第一个动作做出反应，那么他对第二个动作做出的反应会稍有延迟。由此可见，倘若球员具备先行完成一个动作并成功“欺骗”对手，之后立刻更换动作的能力，自然可以熟练掌握和运用足球假动作。

（五）无球技术训练方法

下文将具体介绍几种无球技术训练的方式。

1.跳的练习

①学生首先要以俯卧姿势作为起始动作，在这里的俯卧动作方向应为全身面向即将奔跑前进的方向。当看见教师发送给自己的视觉信号之后，学生应立即反应起身奔跑25～30米。而这个练习需要有规律的间歇时间，具体而言，从最开始也是最长的5分钟，之后逐次减少10秒，最终减少至30s。

②学生要根据教师所发送给自己的视觉信号，以站立式姿势出发，进行5°～10°的上坡跑，或完成斜坡跑25～30米。该项练习的间歇时间可同上。

③除了以上两种练习，学生还可以根据教师的实时口令，来改变奔跑速度，跑步距离为300～500米最好。

通过充分运用不同的视觉信号来开展跑的练习，既可以锻炼学生在动作速度、反应速度和位移速度方面的能力，又能够培养学生的观察力。对于学生来说，观察力是帮助他们正式踏入足球技术、战术世界的台阶，更是作为一名优秀的球员非常重要的基本技能。

2.变向变速的练习

①学生要根据教师所发出的手势命令，在10～20米的跑动距离内突然启动，完成各种变化方向的动作，如向前（后）转身、左右转身、下蹲、跳起等训练。

②学生听从教师的命令，先开始15米距离的全力跑动，之后听从教师的实时口令，在某个固定目标急停。

③学生根据教师所发出的手势，在规定场地的20×20米内完成和教师手势正相反的全力跑。

④学生还可以进行30米“折回跑”。形式可以有多种：定时、双人竞赛，或固定间歇的练习。

变向变速训练可以起到提高学生的柔韧素质、反应速度和灵活度。如今的足球比赛在对抗性和速度上不断加快、加剧。这也为当今的高校学生带来了更高的要求，即不断提高自身的有球技术和无球技术。熟练运用变向变速技术正是无球技术的一大基本表现，在赛场上，其能够提高插上、选位、过人、盯人、摆脱等方面的能力。

3.起跳的练习

①听从教师安排，学生们进行“蛙跳”追逐赛。

②要求在规定距离为50～80米的正规场地中，进行“袋鼠跳”练习，并规定时间为2～2.5分钟。

③连续综合跳跃练习，学生根据教师指示，先完成高度为70～100厘米的栏架跳跃，之后再完成纵跳、跳远，最后以跳上体操桌为止。

④学生听从统一口令，两脚完成在体操桌上的30～50次的跳跃练习。

一般来说，教师应把控好起跳练习的时间，最好放在学生身体精神状态最好的时候开展，时间不要太长。另外，教师要时刻做好学生的安全防护措施。由于良好的腰腹力量和下肢力量是球员提高起跳技术的关键，特别是下肢的爆发力，学生在日常练习中可加大这两部分的练习。除此之外，学生还需要提高空间定向和定位判断两方面的能力，这是因为上述两种能力也可以起到提高起跳技术的作用。

4.假动作的练习

①教师首先要在场地的中圈内随机摆放8～12根不等的横杆，学生则听从口令，在规定范围内，进行快速曲线跑练习。

②学生可以在场地内进行双脚交替跨跳的训练。首先，教师要绘制出1～1.5米的折线，其次在折线的拐角处绘制一个圆圈，之后，学生要双脚交替跳入圆圈内前进。在开展跨跳的过程中，学生应注意重心不要太高，起跳角度同样不要过大。

③多人追逐训练。教师可安排学生在罚球区半场内，进行一人追三人跑的追逐训练。被追逐者需要在规定的范围内运用各种假动作进行躲闪。被抓住的学生则成为下一轮的追逐人。

随着足球技术的不断进步，单一的技术动作早已无法成为直接摆脱对手的有效手段，因为简单的技术动作通常一眼就会被对手所看破，而失去效果。所以，教师在对学生开展无球技术训练的时候，关键性内容就是通过科学有效的训练法，使学生根据对手的实际行为来完成突然摆脱的能力得到进一步的提高。在这里需要注意的是，这种训练在本质上是提高学生的全身重心在空中快速移动的感知能力。

二、运球技术

在全场跑动的时候，球员需要完成各种运球行动，即通过单独一只脚连续带球跑动，或双脚交替带动足球跑动，让足球始终在自己双脚的控制下在一定的范围内运动。事实上，在足球种类繁多、数量众多的技术中，运动技术属于基础类别的。球员在熟练掌握运球技术之后，能够在实际比赛过程中改变进攻节奏，起到打破场面局势的作用。

一般来说，按照运球部位的差异，运球技术可划分为以下几类：脚内侧运球、脚背运球和运球过人。前两种较为基础，后一种颇具难度。

（一）脚内侧运球

脚内侧运球动作的技术难点为，球员需要用一只脚来支撑全身。同时另外一只脚的内侧要用来运球，换言之，用一只脚的内侧带球前进。起到支撑全身作用的脚应随时在足球的侧前方。另外，球员的肢体也需要朝向面向运球的方向前进。此处需要注意的是，起到支撑作用的脚必须维持在一个稍微弯曲的状态，而另外一只脚一定要让足球的活动范围在自己的脚内侧。

（二）脚背运球

1.脚背内侧运球

脚背内侧运球技术需要球员的上半身微微向前倾，同时，肢体呈放松状，尽量减少自身的移动步幅。关键点在于运用脚背内侧运球的过程中，球员的踵部一定要提起，脚尖的方向冲外，脚跟的方向冲内，膝关节向外应有一个角度，通过脚背的内侧部分使足球在目标方向向前活动。

2.脚背正面运球

脚背正面运球技术相对直接和简单。一般来说，球员只需让自己的身体面向目标方向运动，同时让自己的脚部的背正面来推动足球向前移动即可。在这里需要提醒的是，球员的移动步幅应小一些，避免使足球超出自己的脚下控制范围，导致球权消失。另外，使用这种运球技术时，一定要让自己脚尖的方向朝下。

3.脚背外侧运球

脚背外侧运球技术需要球员让自己的上半身面向前方稍微倾斜，并朝向目标方向前进，同时，用来带球的腿要微微提起，同时通过脚部外侧推球。在这里要注意的是，推球的幅度不要过小，更不要过大，以免使足球超出自己的控制范围。另外，脚尖的方向要朝内，而脚后跟尽量面向外部，脚步外侧应面对活动的目的方位。

（三）运球过人

相比于脚内侧运球和脚背运球，运球过人更具挑战性和难度。在足球运动迅速发展的今天，世界足球强国的防守能力也越来越强。面对不断增强的防守强度，球员需要具备扎实过硬的运球过人技术，这样才能在严防死守中杀出一条血路来。

在足球进攻方式日趋多样的今天，运球过人依旧具有重要价值和意义。一旦球员完成运球过人后，对手的防守能力就会大打折扣，同时也可以为自己的队员带来进攻的契机和空间，为射门打下基础。下面将对运球过人技术进行分类介绍。

1.拉球过人

拉球过人技术要求球员把自己的一只脚的前脚掌放置于足球的侧上方或是上方位置；同时，另一只脚成为支撑自己身体的脚。位于足球上方的脚应用力把足球朝后方拉，这样一来，守方便可在开展防守战术时导致重心不稳，向前扑空。由此可见，拉球过人适用于对手朝向前方扑球的情况，球员可抓住向前扑空的时机，带球前移，从而突破防守。

2.拨球过人

拨球过人技术重点在于脚踝关节的灵活性。拨球过人的重点是球员要通过脚踝关节的转动，让自己的脚背内侧或脚背外侧来接触球面，从而达到让足球拨向不同的方位，如侧方、侧前方、侧后方等。一般来说，如果球员想要在赛场上使用该项过人技术，不仅需要完成拨球动作，而且还要在完成球位移动之后，迅速跟进，推动足球，让足球可以朝着自己的目标方向活动。

（四）运球技术训练

1.拉球练习

拉球练习需要教师提前确定好训练的活动范围，学生则按照教师要求开展自由运球。教师发号施令，学生的一只脚成为支撑脚，同时另外一只脚的前脚掌则接触足球的上面，慢慢朝后方拉球，在进行拉球的时候，学生的前脚掌一定要围绕足球进行圆周运动。

2.跑动中运球练习

在完成跑动中运球训练的过程中，为了便于活动开展，大多以分组形式练习。不同分组的学生要先在间隔一段距离的地方完成站位。每名学生都有一个足球，其中一组学生的第一名开始向另外一名学生直线带球跑动，在跑到场地对面的边线位置时，另外一队的学生就可以开始进行反方向的跑动运球训练。

3.快速转身运球练习

图4–1–1为快速转身运球练习的示意图。在进行该运球训练的过程中，同样应先进行分组，不同队伍一字排开、分开站位，并间隔一定的距离。教师应在每一个队伍的每一名学生面前的13米左右的位置上放一根标志杆。然后，不同队伍中排在最前面的学生率先带球朝向预定方向，即标志杆的方向奔跑。在整个带球跑动中，学生要能够控制住球，不让其左右乱跑，在抵达标志杆处后，学生应立即运球转身，之后直接带球跑回本方队伍的所在位置，并把脚下的足球运到第二名学生的脚下，而第二名学生在接到上一名学生给的足球后，重复上一组学生的技术动作，完成快速转身运球练习，然后以此类推，直到本队排在末尾的学生完成运球。

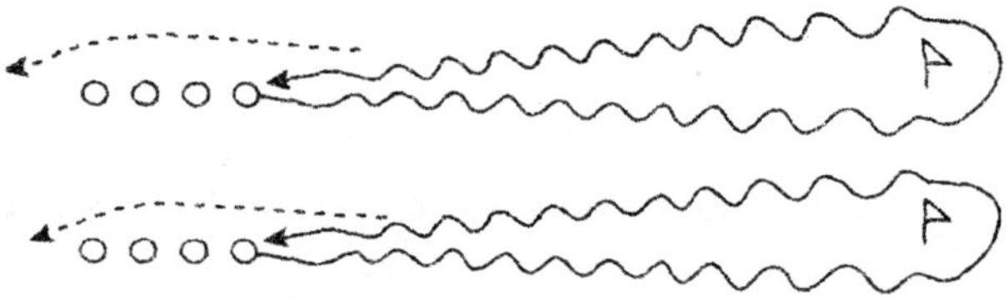

图 4–1–1　快速转身运球练习

（据《高校足球实用技战术教学与训练研究》，李亮，2014年）

4.运球变向练习

图4–1–2为运球变向练习示意图。在开展该项训练的时候，教师应提前规划一个正方形的场地，要求边长为25米，并将标志物放置在正方形的四个角落。首先，学生要自动分为四组，每一组的学生应分别站在各自队伍所在的角落中。其次，教师要将两个球放在正方形的中间位置。之后，一名学生跑向中心位置，用脚带走一个球，然后再把这个足球直接传到对角线位置所在的队伍中排在第一的学生手中，传球完毕则自动跑到该队伍的最后面。其他两个队伍的学生也运用上述方法开展练习。

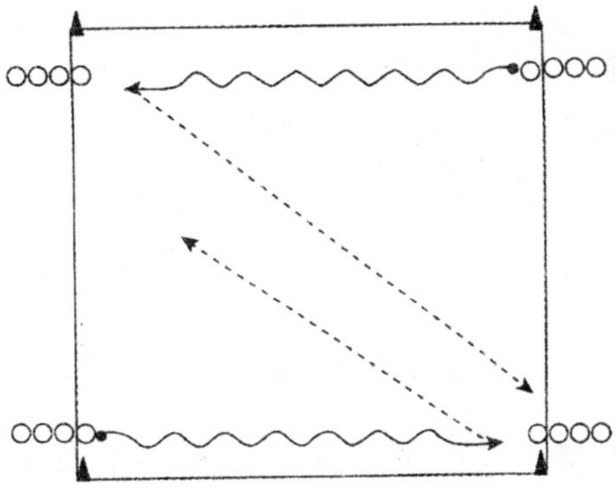

图 4-1-2　运球变向训练

（据《高校足球实用技战术教学与训练研究》，李亮，2014年）

5.运球过人练习

运球过人练习的难度相对高一些，它要求完成基本的攻防行为（图4-1-3）。具体来说，教师要在球场上规划出长30m、宽20m的矩形场地，并把学生分为两组，要求每一组的人数应相同。两个组应各自站在两条相对应的边线外面。

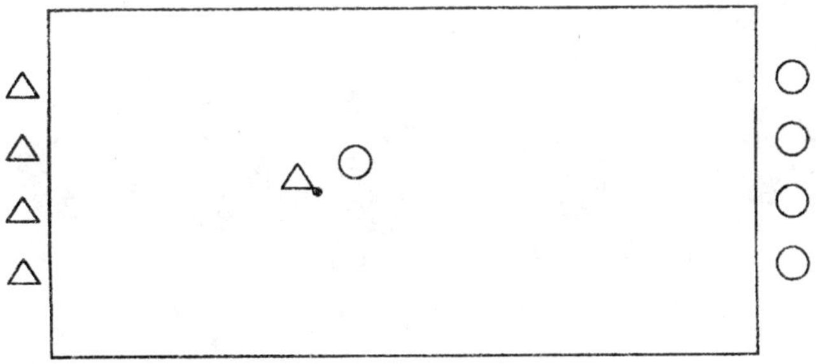

图 4-1-3　运球过人训练

（据《高校足球实用技战术教学与训练研究》，李亮，2014年）

训练开始，教师先把足球随意分给两组中的一名学生，那么，这名学生运球跑动，自动成为攻方，而与其对应的组员则成为防方。之后，成为攻方的学生应带球跑动，完成破坏对手的防守线的任务。那么，与之对应的防守方则应充分利用各种阻拦技术不让攻方突破防线，并试图获得球权。如果攻方完成突破防线，或守方把攻方的足球截下，则本轮结束，双方交换身份，继续开展下一组的比赛。直至两个组的学生都已成为攻方或守方，那么本次训练就结束了，获得胜利最多的组为最终优胜组。

三、踢球技术

下面介绍三种常见的踢球方式。

（一）脚内侧踢球

1.踢反弹球

球员在完成踢反弹球这个动作的时候，应该结合足球反弹位置移动至球员最佳位置，同时足球的实际落点也应和球员支撑脚所在的位置可以彼此照应。通常，球员腿部摆动的动作在完成定位球和反弹球时是相同的。具体而言，当足球从空中落在地上，在其从地面弹起的时候，球员应立刻让一只脚的内侧去踢足球的中心处。

2.踢空中球

图4–1–4为踢空中球的示意图。通过观察足球运动的速度和轨迹，球员要及时移动位置，要进行踢球动作的大腿屈膝抬起，同时向外侧延展，小腿屈并绕额状轴后摆，通过小腿绕额状轴由后向前摆动，当摆至额状面时与球接触，击球的中部。

图 4–1–4　踢空中球

（据《高校足球实用技战术教学与训练研究》，李亮，2014年）

3.踢定位球

图4–1–5为踢定位球的示意图。踢定位球与其他踢球方式不同，它一定要有助跑环节，而且，在助跑过程中，最后跑动的一步必须比之前的助跑步伐要大。通常，球员在踢定位球前，有一定的准备姿势。首先，球员作为支撑身体的脚应该在足球的侧面，要求和足球有着15厘米左右的距离，同时这只脚的脚尖方向应为即将踢球的方向，并且稍微弯曲支撑腿。

在球员完成支撑脚落地动作之后，踢球腿开始进行摆动，大腿带动小腿往前伸，当即将接触足球的前一秒，通过踢球腿的摆动，让脚跟接触足球，并把足球送至目标方向，从而让踢球腿脚跟内侧和足球之间形成的一个平面在空间上和球员踢球的方向成为垂直关系。换言之，在踢定位球的时候，一定要让踢球脚的脚底和地面形成空间上的平行关系，同时让球员踢球脚的脚尖微微翘起，利用球员膝关节的力量固定脚型。只有这样，球员踢出的定位球才会兼具速度和力量，同时还可以保证足球的运行轨迹不出过大的偏差。

图 4-1-5　踢定位球

（据《高校足球实用技战术教学与训练研究》，李亮，2014年）

（二）脚背踢球

1.脚背外侧踢球

（1）踢反弹球

在踢反弹球方面，选择脚背正面和选择外侧大体相似。区别仅在于脚部接触足球的部位不同，该项技术是选择脚背外侧来击球的。

（2）踢地滚球

与定位球的踢法基本相同，踢地滚球的动作要领在于踢球脚和支撑脚的姿势和摆动上。具体而言，利用脚背外侧踢地滚球的时候，支撑脚的站位与足球在地面滚动的速度息息相关，只有这样才能确保球员的踢球脚在接触足球的时候支撑脚和足球的相对位置关系与要求相一致。

（3）踢定位球

采用脚背外侧和脚背正面踢球的动作要领并无太大差异，区别在于摆动时脚部的状态，也就是说，利用脚背外侧踢球的时候，踢球腿的摆踢动作应让脚面绷直，同时脚趾要朝向内部，向斜下方自然扣紧，之后，球员让自己的踢球脚的脚背外侧去击足球的中后方，完成击球之后，球员的踢球腿应依照惯性向前方摆动并自然着地。

2.脚背内侧踢球

（1）踢定位球

图4–1–6为用脚背内侧踢定位球的示意图。采用脚背内侧部位完成定位球的踢球技术同样需要助跑。但和上文描述的几种踢定位球技术不同，该技术的助跑形式为斜线，同时期方向需要和球员踢球方向成四十五度的夹角。另外，加大助跑最后一步的跨度也是关键。作为支撑身体的支撑脚，其脚底应努力着地，并将脚尖的方向和足球运动的方向保持一致。与此同时，球员的落脚点应在足球内侧大概20～25厘米，之后膝关节自然弯曲。

图 4–1–6　脚背内侧踢定位球

（据《高校足球实用技战术教学与训练研究》，李亮，2014年）

当支撑脚自然落地后，球员的踢球腿应顺势向后方摆动，同时将髋关节作为身体的轴心，并让大腿带动小腿，使小腿努力朝前摆动。此时此刻，球员的小腿应进行具有爆发力的腿部摆动，而踢球腿的脚背要维持一个相对绷直的状态，脚尖也要微微向外侧转动。踢击足球的部位是脚背的内侧，在做出一系列踢球动作后，球员的踢球腿应和全身的运动趋势相一致：跟随足球的运动方向而向前探出。

（2）踢地滚球

利用脚背内侧踢地滚球，不仅要考虑对面足球的过来速度和方向，而且还有足球的落地点、摆腿的速度。具体来说，球员需要根据足球的运动方向和速度，正确判断且快速移动到落球处。另外，球员在决定支撑点的过程中，应全面考虑足球的来向和自身摆腿的速度，这直接决定了脚在接触足球的时候是否可以具有一定的力量，同时让踢球脚与足球之间的相对位置可以存在一定的规范。

（3）踢反弹球

反弹球的难点在于球员是否可以准确判断来球的落点。这种踢球技术可以帮助球员处理侧前方或侧方的高位来球。因为球员只有通过细心地观察足球的运动轨迹和方向，进行一个基本的预判，才能保证在来球反弹远离地面的时候，第一时间完成踢球动作。其余动作要求和踢定位球大体相同。

3.脚背正面踢球

脚背正面踢球主要包括以下几种。

（1）踢倒勾球

图4-1-7为踢倒勾球示意图。站位的判断与跑位直接影响倒勾球的质量和效果。球员只有正确判断来球的方向和速度，才能够及时调整站位，确保位置移动正确，且可与足球落点相对应。另外，球员还要注意让站位在足球的后方。

图 4-1-7　脚背正面踢倒勾球

（据《高校足球实用技战术教学与训练研究》，李亮，2014年）

在接球的过程中，球员的支撑腿要保持一个弯曲的状态，而自己的上半身也需要一个向后仰的状态；而球员的踢球腿要将轴确定为髋关节，之后向前转动，同时让足球在躯体的正前方处把足球向目标方向踢出，并保证球员的身体方向和自己的踢球方向相同。

（2）踢定位球

图4-1-8为脚背正面踢定位球示意图。如果足球运动员选择用脚背正面来踢定位球，那么助跑的方式也可选择直线助跑。具体而言，球员的支撑脚和来球落点的距离要保持10～12厘米。同时，脚尖的方向要和出球的方向相一致，微微弯曲膝关节。在向前奔跑的时候，球员的踢球腿要慢慢朝后方摆动，同时将髋关节作为轴点，完成大腿带动小腿的动作，使球员的踢球腿朝前方摆动。直到球员膝关节的摆动位置来到足球正上方时，小腿

将发挥作用完成动作，同时以脚背的正面达到击打足球后中处的作用。

图 4–1–8　脚背正面踢定位球

（据《高校足球实用技战术教学与训练研究》，李亮，2014年）

（3）踢侧面半高球

图4–1–9为利用脚背正面踢侧面半高球的示意图。该项踢球技术的练习重点在于球员能够判断足球的运动方向和速度。球员基于此进行在最佳击球点的选择，同时让自己的身体始终朝出球方向。之后，球员应移动中心，将其确定在支撑腿上。而后，球员应让大腿积极带动小腿做出面向前方摆动的动作，同时选择脚背的正面作为击球部位。最后，当踢球腿做完击球动作后，应顺势依照惯性，为让身体达到平衡状态而自然向前摆动。

图 4–1–9　踢侧面半高球

（据《高校足球实用技战术教学与训练研究》，李亮，2014年）

（4）踢反弹球

图4–1–10为脚背正面踢反弹球的示意图。想要踢好反弹球，球员同样根据当时的场面情况进行较为正确和及时的提前判断，判断的内容主要包括足球的运动轨迹、空中球的落点处和来球的具体速度。完成这项踢球动作的重点在于球员应正确和准确地将足球从球场上弹起的瞬间抓住，然后让自己的踢球腿迅速摆动发力，利用自己踢球腿的脚背击打来球的中后位置。总之，想要处理好反弹球，小腿的有力向上摆动是关键。

图 4-1-10 脚背正面踢反弹球

（据《高校足球实用技战术教学与训练研究》，李亮，2014年）

（三）踢球技术训练

为了加强高校学生临场比赛的踢球技术发挥，教师需要在日常训练中，通过多种多样的技术训练法来使高校学生熟练掌握踢球技术。下面进行具体介绍。

1.踢固定球训练

踢固定球训练是最为基础的踢球技术训练。该训练需要两名学生共同配合，其中一名学生先用脚将足球踩在地面上，然后另外一名学生通过脚部的不同部位来完成踢球，从而达到深刻体会脚部不同位置触球的感觉。

2.射大球门训练

射大球门训练（图4-1-11）是如今最为常见的锻炼踢球水平的踢球训练之一。首先，教师要在球门和学生中间设置两个障碍物作为基本标志。其次，学生应站在球门前的罚球区处，选择任意一条腿作为踢球腿。然后，学生听从口令，用脚完成抽射动作，此时足球会以曲线向前飞（绕过教师设置的标志物），并落入球门。在这里要注意的是，学生选择抽射的方向不定，可左可右。同时，学生的抽射脚法也不做统一的要求。但是，随着学生踢球技术的掌握程度越来越高，教师可适当加大难度等，如要求抽射的方向等。如此一来，学生的射门踢球技术便可在这种类似实战情景中得到提高。

图 4-1-11　射大球门训练

（据《高校足球实用技战术教学与训练研究》，李亮，2014年）

3.对墙踢定位球训练

图4-1-12为对墙踢定位球训练的示意图。这种特别的定位球踢法可达到提高学生充分使用不同踢球技术的作用。一般来说，学生要面向一面墙，同时把足球放置在距墙面一定距离的地面上。之后，学生通过助跑，完成加速跑动和脚部踢球的动作。在这里要强调的是，学生刚开始完成训练的过程中，一定要保证自己和墙面保持适度的距离，五米为最佳，太远则影响训练效果。另外，踢球的时候，学生应控制好踢球脚和腿的力量，以免因力量过大而造成足球踢出去后无法掌控。换言之，学生需要适度的力量使足球在被踢后，依旧可以被学生用手接好。

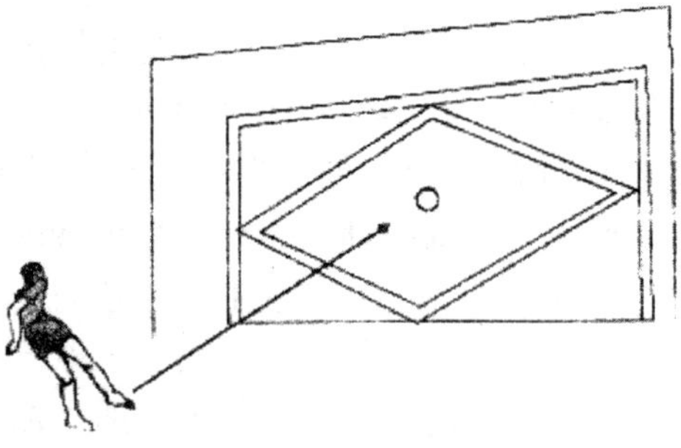

图 4-1-12　对墙踢定位球训练

（据《高校足球实用技战术教学与训练研究》，李亮，2014年）

随着学生对该项训练的熟悉程度越来越高，教师可以要求学生适当加大足球和墙面中间的距离，加大学生踢球的力度。另外，教师在指导高水平学生的过程中，可以把地滚球慢慢转换为半空球。

4.踢地滚球训练

在开展踢地滚球训练的过程中，学生可以积极尝试不同方向的来球，如正面、侧面和侧后方来球。与此同时，教师还应该在训练要求上增加一些难度，如多一些条件。具体来说，学生在踢地滚球的时候，其所用的站位、具体的脚法都要根据教师的要求走。

四、掷界外球技术

在比赛过程中，经常看到因犯规等突发情况造成比赛的暂时中止，之后，球员会双手高举足球，用力将足球再次抛入足球场内，恢复比赛。这就是下面即将介绍的一种足球技术——掷界外球技术。通常，依照抛球动作的区别，将这种技术动作分为两类：其一为原地掷界外球，其二为助跑掷界外球。

（一）原地掷界外球

图4-1-13为原地掷界外球的示意图。原地掷界外球的关键在于球员的姿势、发力是否正确。具体而言，球员先让身体朝向出球的方向，然后双脚前后自然错开站立，而其前脚脚掌的最前处不能跨越边线，即原地掷界外球的球员不能踏入场内，脚不能过线。

图 4-1-13　原地掷界外球

（据《高校足球实用技战术教学与训练研究》，李亮，2014年）

（二）助跑掷界外球

助跑掷界外球在实战中运用非常广，这是因为其可以把足球直接传送到即将进行射门的球员处，这样一来，运动员便能够做到在足球来到脚下的时候，直接摆腿射门。

在完成助跑掷界外球动作的时候，助跑的姿势至关重要。首先，球员要做好姿势，两只手牢牢抓住足球，以免足球在运动的时候不慎落地。当球员完成助跑的最后一步的瞬间，应把自己的上半身向后仰，同时把足球也向后方牵引。球员的两只脚的站位为前后分开。之后，利用全身的力量把后牵引的足球向前方抛出。从后续动作来看，原地掷界外球和助跑掷界外球的区别不大。

之所以助跑掷界外球技术受到运动员的欢迎，是因为这种技术颇具直接性和突然性，既具备了突破防守线的可能，也具备了直接破门的概率。

五、接球技术

（一）脚部接球

1.脚内侧接球

（1）脚内侧接地滚球

球员要紧盯足球的运动轨迹，并积极正确地移动站位，接球的部位为球员支撑脚的正面。膝关节要稍微弯曲，与膝关节相同方向的侧肩面对即将接到的足球。与此同时，球员的接球腿要微微提起膝盖，并将大腿向外侧伸展，脚尖稍向上翘。脚的内部要朝向来球，同时积极向前方迎球。倘若球员的脚部内侧与足球触碰，在接触的瞬间快速向后方撤退，并把来球顺势接到踢球脚下。如果足球过来时的力量一般，那么球员可以把踢球脚向上方抬起，这样可以让脚部的内部与地面产生一个小于90° 的角，并稍稍触碰足球。还有一种方法是在球员的踢球脚在刚刚接触足球的时候，通过下切动作的运用让足球强有力的向前力量部分成为旋转力，从而达到准确接球的目的。

（2）脚内侧接空中球

图4–1–14为脚内侧接空中球示意图。完成脚内侧接空中球动作需要球员具有较强的敏捷度和灵活性。首先，球员要正确及时地判断足球的来向，并依据判断来移动站位。同时，球员要通过观察，掌握比赛的实时局面，并确定合适高度的接球点。之后，球员要把自己的接球腿抬到一定高度，同时让该只脚的内部位置和足球来向相一致，并让腿积极向该方向朝前迎接。在接球脚触碰到足球的一刹那，应朝向后下方撤退，同时把足球

接送到目标位置。

图 4-1-14　脚内侧接空中球

（据《高校足球教学实践研究与理论指导》，孟东明，2014年）

（3）脚内侧接反弹球

接反弹球和接前两种球类似，都需要提前判断足球的落点，然后以最快的速度改变自己的站位。球员的支撑脚与足球的落点的相对位置都应该在足球的侧前方。同时，球员要稍稍弯曲自己的膝关节，并让身体的运动方向与接球后足球的移动方向靠拢。在这里要强调的是，球员在接球时的脚尖一定要稍稍向上翘，同时接球腿在带动小腿向上提起时要保持一个相对放松的状态，接球脚的内部朝向接球后足球移动的方向，并且内侧要与地面形成一个不大于90° 的角。当足球落在地面上并受到地面的影响，向上反弹并离开地面的一刹那，球员接球腿的大腿要积极摆动，移动的方向为接球后足球的运动方向。此时，球员需要通过接球脚内侧部位稍稍推动足球的中上位置，从而把足球接到目标所在位置。

2.脚背正面接球

（1）脚背正面接抛物线来球

图4-1-15为脚背正面接抛物线来球的示意图。首先，球员要仔细观察足球的来向，并正确及时地判断足球的落点，然后根据落点移动站位，并通过脚背的正面去迎接球。脚背稍微向上抬起，在与足球触到的一刹那，球员的接球脚与足球下落的速度应是相同的，接球脚还要微微向后方撤退。在球员接球的过程中，球员一定要让自己的大腿膝关节、踝关节、脚趾维持在一个紧张的状态下，另外，脚尖也要向上翘起，保证足球可来到目标位置。

图 4-1-15 脚背正面接抛物线来球

（据《高校足球教学实践研究与理论指导》，孟东明，2014年）

（2）脚背正面接高空球

脚背正面接高空球与正面接抛物线来球无太大差异，区别在于，接高空球的时候，球员应微微背屈，同时把接球脚向上抬起。在足球触碰到脚背的刹那，球员应放松自己的踝关节，并把足球接到自己的周围。

3.脚背外侧接球

（1）脚背外侧接地滚球

图4-1-16为脚背外侧接地滚球的示意图。球员首先要确定接球点，并把其放置于接球腿的一侧，同时屈起另外一只支撑腿的膝关节。开始完成动作，球员的接球腿要适度抬起并将膝盖一并提起，同时让接球脚内翻，促使小腿和脚背外面以及地面形成一个小于90° 的角，并且面向接球后足球运动的轨迹和方向。足球的半径基本和接球脚距离地面的高度相同。之后，接球腿的大腿要朝着接球后足球的运动方向推送，并且让四肢跟着足球的运动方向而移动。

图 4-1-16 脚背外侧接地滚球

（据《高校足球教学实践研究与理论指导》，孟东明，2014年）

（2）脚背外侧接反弹球

脚背外侧接反弹球同样需要球员完成如下几个步骤：观察，判断，移动站位。在完成用脚背外侧接反弹球的时候，球员的支撑脚需要站在足球落点的侧后方。换言之，该动作的技术要求和上述动作并无太大差异，区别在于接触球部的具体位置不同。

4.脚底接球

利用脚底接球也是一种积极有效的接球方式。具体来说，球员需要正向面对来球，同样也需要进行基本判断并迅速正确地移动站位，以迎球的姿势做好准备。此时，球员的支撑脚应在足球的侧方向，而球员支撑脚的脚尖也应和足球来向相对，并且稍稍弯曲自己的膝关节。球员的另一只接球腿则应该抬起，接球脚应背屈，这样可以保证接球脚的脚底与地面的距离形成一个小于45° 的角，这时球员的脚跟不应与地面接触。通常，接触的部位应是前脚掌，并用这个部位来触碰足球的后上部。在这里要注意的是，当球员的接球脚触到足球的刹那，其接球脚的前掌需要稍稍向下，把足球的运动趋势停下来，甚至结合实际情况，把足球移动到自己需要的地方，如身后或前方。

图4–1–17为脚底接反弹球的示意图。球员依旧需要完成观察、判断、跑位和迎球这几个步骤。之后，球员应该让自己的支撑脚在足球落点的侧后方。脚尖应面向足球的来向，当足球即将落地的时候，球员应稍稍向前伸膝盖，并通过前脚掌去接触足球的中上部，并把足球接到自己的周围，在自己的控制范围内。有时会出现需要球员将足球接到身后，那么则需要在脚触碰足球的瞬间接着屈膝。这样一来，球员便可以把足球回拉到自己想要的理想位置，同时还要跟着支撑脚将前脚掌作为旋转的轴心，旋转90° 以上。

图 4–1–17　脚底接反弹球

（据《高校足球教学实践研究与理论指导》，孟东明，2014年）

（二）腿部接球

与脚部角球相比，腿部接球并不是很常见的。下面进行具体介绍。

1.大腿接抛物线较大的高空球

无论用腿接球，还是用脚接球，面对来球，球员都应该做到“观察—判断—移位”这几步。在用大腿接抛物线较大的高空球的时候，球员需要抬起自己的接球腿，在接球腿和足球正面触碰之后，接球腿应迅速撤退，并把足球接到自己的目标处（图4–1–18）。

图 4–1–18 大腿接抛物线较大的高空球

（据《高校足球教学实践研究与理论指导》，孟东明，2014年）

2.大腿接低平球

大腿接低平球和接高空球的动作要领基本相同。区别在于球员在接球前应该将自己的大腿微微屈起，并送髋前来迎接足球。在接球腿和足球相接触的时候，及时收回大腿，这样一来，足球就可以落在球员希望的位置上。

（三）胸部接球

与腿部和脚部接球技术相比，胸部接球的难度更高，上下肢体的协调配合要求更为严格。下面进行具体介绍。

1.收胸式接球

图4–1–19为收胸式接球的示意图。胸部接球的动作要领是接球者要正向面对足球的来向，站立的姿势为双脚左右，甚至前后开立。然后两只手臂自然张开，同时将自己的胸部挺起，去迎接来球。当足球接触到胸部之后，球员应立刻按照以下动作顺序完成接球动作：首先收起胸部，然后

收起腹部，之后将臀部向后方移动，这样便可以把足球接到球员的身体前方。

在这里要提醒的是，如球员想要把足球接到自己的身体两侧，那么则需要在胸部接触到足球之后，立刻转体把足球接到自己的目标身侧。

图4-1-19　收胸式接球

（据《高校足球教学实践研究与理论指导》，孟东明，2014年）

2.挺胸式接球

图4-1-20为挺胸式接球示意图。在利用挺胸式接球的时候，球员的动作要领和收胸式有几大相同之处，主要在预备姿势上。这种胸部接球要求球员的两只膝盖都要稍稍屈起，同时把自己的身体重心放在支撑面里。让自己的上半身微微向后方仰，同时要稍稍收起自己的下颌，让全身处于一个平衡的状态上。当球员的胸部与足球接触的时候，球员一定要伸直自己的膝关节，同时双脚用力蹬地，这样一来，球员的胸部便可稍稍托住足球的下部，让足球在胸部的上方微微弹起。

图4-1-20　挺胸式接球

（据《高校足球教学实践研究与理论指导》，孟东明，2014年）

六、射门技术

足球射门是足球运动的术语之一，主要是用踢球、头顶球、铲球等技术将球射向对方球门。在足球运动中，射门是进攻的最终目的，是得分的手段，也是比赛胜负的关键。同时，射门的方法很多，比如对地滚球、空中球、反弹球、直线球、弧线球可直接射、带射、接射等等。队员在射门的时候一定要保持冷静、机智、果断、有信心，动作要快速、准确、有力，并能随机应变。

（一）侧身凌空抽射

看准来球，判断好击球点。在身体侧对球门的同时，兼顾防守者的拦截动向，当球由空中运行将至体侧下落时，尽快调整好步幅，以离球远的一脚为支撑点，脚尖针对出球方向，以便身体转动准确击球（图4-1-21）。上体向支撑脚一侧倾斜，将对手同球隔开，根据球的高低，适时调节支撑脚的弯曲度和上体的倾斜度。

图 4-1-21　侧身凌空抽射

（据《足球教学训练实践》，文智，2016年）

击球前，上体倚着对手，抬起大腿，带动小腿急速向前挥摆，以脚背正向踢球的后中部射门，身体随之转向球门，准备下一步行动。当球距身体1m左右时击球，击球刹那，脚背绷直，用脚背正面击球的后中部；击球后，摆动腿，跟随惯性自然前送，两臂也自然前后摆动，以维持身体平衡。

（二）抢点倒地凌空射门

迎来球，迅速下降重心，支撑脚向前或向侧方跨出，脚尖对准射门方向，身体重心在立足上。当球离身体1.5～2米时摆腿击球；击球时，迅速折叠小腿，身体代偿性地向侧面倾斜，以便摆动腿击球和增加射门的力量；此时支撑手自然触地减轻身体与地面的接触（图4-1-22）。

图 4-1-22　抢点倒地凌空射门

（据《足球教学训练实践》，文智，2016年）

（三）抢点铲球射门

处在双方激战门前的情况下，进攻者眼疾脚快，接近球时，迅速下降身体重心，两手自然张开，维持平衡；前脚支撑并顺势向前屈膝，继而用力蹬地，后脚前伸以脚外侧沿地面向前滑出，先声夺人，用脚底击球射门，然后，身体随惯性迅速向击球腿一侧方向翻转，同侧手撑地起立，接连下一个动作（图4-1-23）。

图 4-1-23　抢点铲球射门

（据《足球教学训练实践》，文智，2016年）

（四）争先脚尖同球射门

尽管加快速度向前疾跑，也难以取得正常的身体方位来触及疾驰而过的足球。为捷足先登捕捉得分战机，进攻者全力以赴，接近球时，后脚用力蹬地，前脚屈膝前跨，髋关节前挺带动整个身体向前位移，以增大出球力量，脚面绷直，用脚尖部位捅球的后中部射门，两臂自然向后展开，以维持身体平衡（图4–1–24）。

图 4–1–24　争先脚尖同球射门

（据《足球教学训练实践》，文智，2016年）

（五）鱼跃侧摆头顶射门

遇到侧路传来的平高球，为了争取时间，抢在对手之前射门，包抄者远侧端跟进包抄迎球冲去。当球近身时，前脚用力蹬地，两手前摆，身体随之向前跃出，几乎与地面平行，利用腰部向球门方向的侧摆并同时甩头，以额侧面顶球射门（图4–1–25）。击球后注意两臂屈肘以便缓冲着地。

图 4–1–25　鱼跃侧摆头顶射门

（据《足球教学训练实践》，文智，2016年）

（六）抢点争顶头球射门

注视球的飞行，判断好落点，迎球跑动；根据不同性质的来球，抢占有利位置；在对手起跳之前，先调整步幅，以单脚用力蹬地跳起，同时两臂屈肘上提，跳至最高点，上体前伸并侧摆转动，同时向球门方向甩头，争先抢点，以额侧面将球顶出射门（图4–1–26）。

图 4–1–26　抢点争顶头球射门

（据《足球教学训练实践》，文智，2016年）

（七）外脚背踢弧线球射门

直线或斜线助跑均可，立足踏在球的侧后方约15厘米处，脚尖正对射门方向或稍向外展，膝关节微屈；击球前，大腿后摆，小腿折叠，由后向前快速挥摆；击球时，摆动腿脚尖内扣，脚背绷直，切削式的踢球后中部或中下部，切削力越大，球飞行的弧度和力量越大；击球的同时，两臂前后自然摆动，以保持身体平衡，用内脚背踢弧线球射门时，采用斜线助跑，击球时摆动腿的脚尖外展，脚背绷直，踢球的用力和方法与外脚背踢球相同（图4–1–27）。

图 4–1–27　外脚背踢弧线球射门

（据《足球教学训练实践》，文智，2016年）

（八）剪绞侧踢倒钩射门

以右脚踢球为例：球在头顶前上方l米左右时起跳，起跳时踢球腿用力蹬地（右腿），左腿屈膝上抬，身体稍后仰，两臂同时上摆，使身体迅速腾空；腾空后，身体几乎与地面平行，同时双脚做剪绞，踢球腿小腿折叠，身体斜倒向左侧的同时，右腿向前上方快速摆动，在最高点击球；击球刹那，正脚背击球的后中部或中上部。击球后，身体侧对地面着地，手臂弯曲缓冲，以手臂、肩率先接触地面，然后过渡到身体各部（图4-1-28）。

图 4-1-28　剪绞侧踢倒钩射门

（据《足球教学训练实践》，文智，2016年）

（九）凌空侧体剪式射门

身体侧迎空中来球，当球大致与头平行离体侧1米左右时，上体向射门方向斜转，踢球腿（右腿）用力蹬地向上起跳，身体侧面与地面平行（图4-1-29）。击球时，两腿剪绞，踢球腿正脚背击球的后中部。落地时，手臂弯曲缓冲并迅速转体俯卧着地。

图 4-1-29　凌空侧体剪式射门

（据《足球教学训练实践》，文智，2016年）

七、抢截球技术

（一）正面跨步堵抢

去抢球的那个人两只脚一只在前，另一只脚在后面，看到运球的人之后走到他面前，然后让自己的两个膝盖都进行一定程度的微微的弯曲，这样一来，一方面可以让自己的重心降下去，另一方面可以让身体的重心直接放到两脚之间（图4-1-30）。抢球的人通过这种方式可以在运球人刚碰到球的一刹那就能去伸脚用脚内侧直接去把球给堵住，一旦觉得堵到自己面前的足球了，就应该反应快点，让另一只脚也迅速上去。若在自己堵住球的同时对方也同时间将球给堵住了，那么这时候就要更进一步，抢球的人应立刻将自己的另一只脚当成支撑点向前，然后抢球的那只脚把球往上一提一拉，让脚下的足球滑过对手的脚面，身体重心也紧随其后空降到合适位置并在之后控制好脚下抢过来的足球。

图 4-1-30　正面跨步堵抢

（据《高校足球实用技战术教学与训练研究》，李亮，2014年）

（二）合理冲撞抢球

当防守的人和运球奔跑的人基本成肩并肩进行活动的时候，防守的人应该稍微把自己的重心往下放一放，哪边的手臂离运球的人近，就让哪边的手臂贴着自己的身体跟着球跑动，在看到对方和自己同一边的脚跑动过程中离地了，就赶快用自己的肘关节以上的部位稍微碰撞一下对方的同样的位置，这样就可能让对方把握不了平衡，就会将球权交出，此时自己将球控制住就行了（图4-1-31）。

图 4-1-31　合理冲撞抢球

（据《高校足球实用技战术教学与训练研究》，李亮，2014年）

（三）正面铲球

比赛过程中，跑着跑着会有机会跑到控球的人跟前，这时候为了要让自己的重心更稳，可以采用微屈膝的方式，寻找控球的人踢完球球正在空中翻滚的时机，自己双脚一起发力向地面上球落地的位置铲过去，然后赶快用手撑地而起。

（四）异侧脚铲球

当两个抢球的人都在迅速奔跑准备触球控制球权的时候，防守球的人需要判断好和球之间的距离，然后同一侧的脚用全部的力气往后去蹬一下地，这样就有力量让另一侧的脚面对球滑过去，利用滑过去的力量用自己脚底把球给铲到前方，然后自己迅速进行接下来的一系列动作，小腿外侧先着地、大腿外侧着地、手最后着地。然后用手迅速扶着地跃起，让自己的身体能很好地和之后自己带球的动作衔接起来（图4-1-32）。

图4-1-32　异侧脚铲球

（据《高校足球实用技战术教学与训练研究》，李亮，2014年）

在激烈的比赛中，因为铲球能够尽最大的可能利用时间和机会让自己得到球权，所以在踢球、接球、运球、抢球的时候都能用到这一技术。

八、头顶球技术

头顶球，顾名思义就是用足球运动员自己的头去顶球已达到传球或者其他目的的一种球技，一般我们称之为“头球”。相对于其他的足球技术来说，头球能产生的力量并没有用脚踢出来的球力量大，并且头球还不容易控制方向。但是头球的使用重在巧和恰到好处。头球需要的力量很多利用的是空中旋转球的力量，头球会使空中的球换一个方向继续在空中飞行，不仅可以达到借力打力的效果，而且将球自身的力量给充分运用起来了，在实际比赛的时候，头球被广泛应用，比如说原地停球、用头球摆球进行传球。除此之外，我们在足球场上还能看到令人激动的头球进门。这样一来就能够知道，在运动员进行训练的时候，头球技术也不可或缺，非常重要。下面我们将逐一介绍头顶球技术的种类。

（一）前额侧面头顶球

1.原地头顶球

在进行原地头顶球技术训练的时候，一只脚在前，一只脚在后，膝盖要自然地向下弯曲一些，用眼睛仔细看足球从哪个方向过来，然后在球来到自己眼前的时候，如果判断球此时已经到了自己所能够到的位置，比如位于身体的前上方了，就用自己的脚往后蹬一下然后利用其产生的反作用力让自己的上半个身体随着出球的方向向前移动，并且还要用自己的头朝向要去击球的那个方向，使劲将球甩出，用前额的侧面去碰击足球的后中部位。

2.跑动头顶球

跑动头顶球与原地头顶球是一样的、类似的，只是有一点不一样，就是要在跑着的时候做顶球动作，其他的和原地头顶球的顶球步骤是一样的，依照其练习方法练就可以了。

3.跳起头顶球

相对而言，跳起头顶球主要与额头正面的头顶球类似，不过双方有一点是不一样的，即在进行跳起头顶球技术训练的时候，顶球这一动作的完成，注意是要在起跳上升期间来完成的，上体向出球的方向转动，用头前额将球顶出（图4–1–33）。

图 4-1-33　前额侧面跳起头顶球

（据《现代高校足球运动理论与技战术技巧研究》，车岳峰，2018年）

（二）前额正面头顶球

1.原地头顶球

眼睛望着球从哪里来，身体上腿微微张开一些，朝向足球所来的方向蓄力于腿，此时，要迅速地将身体的重心予以调整，调整到双腿的中间部分，然后就是放力：两只腿使劲地蹬一下让两只脚可以离开地面，同时在足球运动员身体碰到球的刹那，脖子迅速摆动，头低一下，用前额正面将球的中间部分击打，上半身也跟着出球的方向进行摆动（图4-1-34）。

图 4-1-34　前额正面原地头顶球

（据《现代高校足球运动理论与技战术技巧研究》，车岳峰，2018年）

2.原地跳起头顶球

准备做原地跳起头顶球技术动作的时候，刚开始，就是弯膝盖，降低重心，随后起跳，瞄准球并用头部击打球。在这一连串的过程里面，有几点需要我们注意，一是做原地跳起头顶球动作时，足球运动员的双臂是自然张开的，击球的那一刻，身体像弓一样，完成动作后，为保持身体平衡，需要用膝盖稍微使点力，也就是屈膝落地以缓冲地面的冲击力（图4–1–35）。

图 4–1–35 前额正面原地跳起头顶球

（据《现代高校足球运动理论与技战术技巧研究》，车岳峰，2018年）

3.鱼跃头顶球

鱼跃头顶球是平时在足球比赛中比较少见的一种头球方式，使用起来较困难一些。鱼跃头球射门的时候，先要提前看好足球是从哪个方向以什么速度来的，在判断好来球之后，迅速选好自己的顶球点，然后用单脚或者双脚蹬地，当身体与地面接近水平位置之时向前鱼跃顶球，看着球，用身体向前冲击的惯性去击球（图4–1–36）。

图4–1–36 前额正面鱼跃头顶球

（据《现代高校足球运动理论与技战术技巧研究》，车岳峰，2018年）

（三）头顶球技术训练

1.个人头顶球训练

在进行头顶球技术训练的时候可以采用以下两种训练方式。

①利用足球墙进行训练的方法，把球往足球墙上抛扔，然后用头接球，并将球顶回墙上，利用墙自身的反弹力，持续进行顶球训练。

②主要利用吊球进行头顶球训练，可以根据实际情况改变吊球架上足球的高度，进行各种球速的头顶球训练。

2.两人头顶球训练

两人头顶球训练的方法一般是两人一个小组进行练习，两人会共同使用一个球，面对面站着，一个人做练习动作，一个人配合其完成，互相之间的距离差不多是5m，这距离是初期训练最合适的，之后还可以再加大。简而言之，两人头顶球训练就是一人抛球，另一人用头将球顶回。

九、守门员技术

守门员技术分为无球技术和有球技术两大类。无球技术主要有准备姿势和移动动作，有球技术主要有接球、扑接球、拳击球、托球、掷球和踢自抛球等。

（一）守门员无球技术动作方法

1.准备姿势

两脚分开同肩宽，两条腿微微内曲，保证重心在两只脚的前掌上，上半身往前面倾一些。两臂自然下垂，手指自然张开，掌心向下，自然地屈肘，眼睛注视来球（图4–1–37）。

图 4–1–37　准备姿势

（据《高校足球教学实践研究与理论指导》，孟东明，2014年）

2.移动步法

因为想要尽可能地不让对方进球，因此从各个角度射门的球都需要守门员去注意，守门员这里一定要依照比赛时候对方人、球的方位等的变化，去经常地根据情况对自己的守门位置做出一些调整。通常，守门员如果做出的是向左右移动的调整，常常会用到侧滑步或交叉步这两种步法。

（二）守门员接球技术动作要领

接地滚球技术动作有直腿式和单腿跪撑式两种动作。

1.直腿式接地滚球技术动作要领

准备接球时，两腿分开并且要站直，脚尖正对来球，双臂微微内曲，稍下垂并且让双肘并起来去准备接球，两只手的小指互相靠近，用手掌心面对来球的方向。当手触球的一瞬间，两只手臂跟着球的力量往后缓冲一下然后立刻屈肘，顺势将球抱于怀中，然后再站起来。

2.单腿跪撑式接地滚球技术动作要领

准备接球时，身体正对来球，两脚分开站着，一只腿深屈将身体支撑而不让身体倒地，另一腿膝盖内转似跪撑，膝盖接近地面并靠近深屈腿的脚跟，双臂微微内曲，稍下垂并且让肘的位置稍稍靠前一些，两只手的小指互相靠近，用手掌心面对来球的方向。当手触球的一瞬间，两只手臂跟着球的力量往后缓冲一下然后立刻屈肘，顺势将球抱于怀中，然后再站起来（图4–1–38）。

图 4–1–38　单腿跪撑式接地滚球

（据《高校足球教学实践研究与理论指导》，孟东明，2014年）

（三）接平直球技术动作要领

面对来球，两脚分开，左边和右边同宽并且和肩的宽度是一样的，双臂微微内曲，稍下垂并且让肘的位置稍稍靠前一些，两只手的小指互相靠近，用手掌心面对来球的方向。当手触球的一瞬间，两只手臂跟着球的力量往后缓冲一下然后立刻屈肘，顺势将球抱于怀中（图4–1–39）。

图 4–1–39　接平直球

（据《高校足球教学实践研究与理论指导》，孟东明，2014年）

（四）接高球技术动作要领

接高球技术动作包括不跳起接球和跳起接球。

1.原地不跳起接高球技术动作要领

当在面对来球之时，两臂是向上伸开的；在进行接球的时候，两手自然张开，两手拇指相对成八字形，手指微屈，手掌上端轻微触球，触球部位以手指为主（掌心不能触球）要接触球的中后部；接球时，手、臂弯曲，将球抱于胸前（图4–1–40）。

图 4–1–40　原地不跳起接高球

（据《现代高校足球运动理论与技战术技巧研究》，车岳峰，2018年）

2.跳起接球分双脚起跳和单脚起跳

双脚起跳接球多用于接正上方的高球，接球过程主要有五个程序，第一个是判断，第二是踏跳，之后分别就是顺势而起的腾空、接球和落地，最后是要将球收至胸前的。单脚起跳，总的来看接球应用范围较广，接远侧高球、高吊球、传中球等都可以使用单脚起跳去接球。单脚起跳接球的步骤与双脚起跳接球相同，但单脚起跳接球在踏跳时只用单脚起跳（图4-1-41）。

图 4-1-41 跳起接球分双脚起跳和单脚起跳

（据《高校足球教学实践研究与理论指导》，孟东明，2014年）

（五）扑接球技术动作要领

扑球常常是守门员在通过移动无法及时接到球的一种补救方法。扑球是守门员技术中的难点，但它也是作为高水平的守门员必须掌握的一项技术。

1.倒地侧扑地滚球技术动作要领

将准备姿势准备充分，两眼看来球的方向；扑球的时候，不同侧的那只脚内侧去进行侧蹬的发力，同侧的脚进行屈膝迎球并随后跨出，上半身顺着身体的走势压扑，目的是能够在很大程度上加速重心的前移倒地，双臂一起迎出去接球，腕关节稍内扣，用手掌挡压控球；手一碰到球就像扣住自己的两只手腕一样把球牢牢地扣在自己的手掌之间，扣住球并快速抱球起身；侧倒的顺序通常是先小腿、大腿，然后是臀部，最后才是肩和手臂外侧进行一定的缓冲之后触地（图4-1-42）。

图 4–1–42　倒地侧扑地滚球

（据《现代高校足球运动理论与技战术技巧研究》，车岳峰，2018年）

扑脚下球时，重心降低出击迎球，在对手起脚射门的瞬间，快速倒地侧扑封堵球路，将球接住或挡出，随即做屈膝团身动作进行自我保护。

2.跃起侧扑球技术动作要领

第一是对球和身体有多远进行一次判断，目的是确定之后用侧滑步还是交叉步去扑球。当身体重心倾移至同侧脚时，用脚外侧蹬地发力，让身体呈水平状向球腾空跃出；手臂伸出迎球，身体充分伸展，接球手型为半球形，靠压腕和手指用力将球控制接稳；跟着重心的变化，开始落地缓冲，落地时，两手按球随即屈肘，身体逐个接触地面，顺序一般是前臂、肩部、上体侧面、臀部、大腿和小腿，并且在落地的时候屈肘，转腕将球抱于怀中，并屈膝，然后将身体团成一团。若感觉握不住球，可以在扑球的时候就用拳头将球击出而避免扑接球（图4–1–43）。

图 4–1–43　跃起侧扑球

（据《高校足球教学实践研究与理论指导》，孟东明，2014年）

3.鱼跃扑接侧面平高球技术动作要领

看球是从哪个方向来的，然后把身体的重心往来球那一侧的脚上迅速转移，用那只脚使劲蹬一下地向侧面跃出，身体展开，两只手臂随后向球伸出，两个大拇指要挨着，手指像平常一样张开就可以，手掌是相对的，手一碰到球就像扣住自己的两只手腕一样把球牢牢地扣在自己的手掌之间，扣住不松手；在之后落地的时候，两手按住球，身体逐个接触地面，顺序一般是前臂、肘、肩部、上体侧面和下肢，并且在落地的时候屈肘、转腕将球抱于怀中，并屈膝，然后将身体团成一团，防止球滑出手掌（图4–1–44）。

图 4–1–44　鱼跃扑接侧面平高球

（据《高校足球教学实践研究与理论指导》，孟东明，2014年）

（六）守门员技术练习方法

①在做好准备姿势之后就进行徒手的练习，按照准备姿势技术动作要求做练习。要求动作幅度到位。

②按照教练手势做向左、向右、向前、向后的移动练习。移动时身体重心不要起伏太大，保持随时出击的准备。

③几个人合作练球时，做移动中接同伴踢来的地滚球、平直球、高空球等练习，体会在移动中完成接各种不同性质来球的技术动作要领。

第二节　高校足球运动实用战术教学与训练研究

高校足球运动实用战术教学与训练主要涉及两大方面，其一主要指的是各个球队通用的战术训练，如个人和局部的战术，以及整体性的小型分队战术；其二主要指的是具有独特性的、基于不同球队实际情况的战术，如成队战术和定位球战术。这种训练还会结合球员参与比赛的要求，对战术进行完善和调整。

一、高校足球运动实用战术教学与训练的内容

在足球运动中，所有的战术都涉及进攻和防守这两大块内容。具体来说，高校足球运动实用战术教学与训练主要包括以下五大类别：个人战术、局部战术、整体性小型分队、成队战术和定位球战术。

（一）个人战术的教学与训练

任何一个技术动作应用于比赛中都有上述的战术内容。应该指出，虽然技术与个人战术具有内在联系，训练不能截然分割，但在训练的某一段时间或一堂课的训练中，侧重于技术或战术的要求仍是应该的，这要根据训练的任务来决定。

个人战术是最为基础的，也是最容易理解的战术。它就是足球运动员在90分钟的竞技时间内熟练使用的足球技术。换言之，个人战术在赛场上的应用就是根据足球动作的规格来完成一系列足球动作。事实上，足球的技术和战术具有密不可分的关系，技术融于战术，而战术体现技术。

由此可见，在高校学生的日常训练中，个人的技术训练应与战术训练共同练习。在学生进行技术训练过程中，教师需要将战术要求一并告知学生，并让学生在提高足球技术水平的同时，培养战术意识。例如，在练习运球过人的时候，可以先教授运球过人的基本技术动作，之后可以教授学生应该在何时使用运球过人这种技术，什么时候使用运球过人是无效的，完成运球过人之后应该怎么做等。总之，学习足球技术动作绝非简单了解技术动作本身的问题。

（二）局部战术的教学与训练

在开展局部战术教学过程中，教师不仅需要将跑动传球的动作要领和路线，而且还需要将个人战术意识的培养融入训练当中。

例如，在比赛中，球员之间的传切配合可以组织进攻，可以保证球权掌握在自己手中。同时，教师还可以通过各种方式告诉学生应该采取何种动作技术方式来达到摆脱对手围攻的目的，如何跑位才能起到给对手防线带来压力的作用，培养跑位员和传球员之间的默契等。上述内容都可以在适量的教学课程和练习课程中得到训练和提高。

局部战术的训练是一种基础性的练习项目，但也只有打好局部技术训练的基础，才能保证高级别战术训练的有效开展。因此，每一位参加足球运动训练的高校学生都需要进行局部战术的训练。除此之外，局部战术教学还是成队战术的重要构成部分。所以，在组织学生开展成队战术训练的

时候，也常常分为几大局部开展训练。成队战术的教学与训练的具体内容将在下文中详细介绍。

（三）整体性小型分队战术的教学与训练

整体性小型分队战术是以个人战术和局部战术为基础的。具体来说，它需要教师将学生进行分组，如1对1、2对2、4对4、8对8。而每一种训练形式都具有不同的寓意。想要培养学生个人的攻守能力则应采取1对1的方式，若希望加强学生之间攻守战术配合可选择2对2的形式，这样可以同时让攻方和守方练习接应、支援、盯人、补位等内容。如果需要加强学生的阵型意识则可以选择4对4这种形式。这种训练形式旨在进行攻守战术阵形的练习。具体而言，4个学生一组可逐一担当前锋队员、前卫队员、后卫队员三个位置。基于此，一个简单的阵形就出现了，之后便能够开展足球阵形的基本战术要求练习。而最后一种形式8对8是4对4形式的升级，情况更为复杂，也和正式比赛的区别甚小。

在这里要强调的是，教师在开展该项战术教学和训练时，一定要提醒学生注重配合，不要过度重视比赛的胜负而忽略训练本身的意义。

（四）成队战术的教学与训练

可以说，所有高校学生球队都有几个高效且符合本队情况的成队战术配合训练。这种战术训练要求所有球队队员持之以恒的长时间合作和练习，从而培养出超强的默契，同时可在赛场上熟练使用。

除此之外，教师还应该根据本队的成队战术，搭配一些应变战术并融入练习中，从而帮助学生能够更好地面对千变万化的赛况。正如上文所言，成队战术的训练需要拆成局部进行练习，在学生可以娴熟完成局部战术的前提下，将其合并成套再开展战术练习。一旦学生掌握成套战术之后，可以再进行应变的战术训练。

教师在制订成队战术的过程中需要综合考虑本队成员的实际能力，包括学生的身体素质、技术能力等，同时考虑本队比赛中使用的足球阵形，本队学生的选拔阵容等。除此之外，教师还应将替补成员的人选和位置考虑在内。

（五）定位球战术的教学与训练

和上文四种战术教学和训练内容有所不同，定位球战术的训练更具针对性，内容更加直接。具体来说，定位球战术训练涉及三大部分内容：角球、罚球点球和任意球。其中，任意球多指距离球门30米的直接或间接的任意球。在这里要强调的是，定位球的战术配合应该与学生的身体素质能力和技术掌握程度相符合，从而保证定位球的战术训练更有效。

二、个人进攻战术研究

个人进攻战术指的是，在足球比赛的时候，可以采用的一种符合全队进攻需求的个人行为，通过个人进攻战术，在一定程度上可以起到决定胜负的作用。在整体进攻战术的环节中，个人进攻战术是至关重要的环节。因此，其与局部和整体进攻战术的质量息息相关。

在个人进攻战术中，传球、射门、运球突破和摆脱跑位都是基本构成部分。下面进行具体阐述。

（一）个人进攻战术之传球

在整体战术配合中，传球是非常基础的部分。无论是组织进攻，还是制造射门机会，抑或是变化战术，传球都是作为基本的战术方式。由此可见，在足球比赛中，传球是足球运动员使用最为频繁且最为重要的足球技战术手段。多数球员在球场中的足球动作80%都是传球，只有20%是运球与射门。根据相关数据统计，在风靡全球的世界杯比赛中，场均传球高达1000次，换言之，世界杯的比赛80%都是在激烈对抗中争取球权。但在球场上的失误，也基本上是传球失误，从而转让比赛的进攻权。

总之，球员的传球能力与全队的传球水平都直接影响着足球比赛的胜负。

（二）个人进攻战术之射门

作为足球所有进攻战术配合的终极目标，射门是足球运动员进攻获得比分的唯一方式。与此同时，射门更是进攻战术中最后一个重要的环节，它颇具难度但也激动人心。

如今的足球比赛在对抗性与快节奏上发展得越来越快，球员必须强行突破对手防守球员的严防死守与紧逼拼抢，在强烈射门意识的帮助下，及时抓住射门机会，采取巧妙的射门手段完成有效射门动作。

射门的要求为迅速、充满力量、动作突然以及出球精准。

（三）个人进攻战术之运球突破

在多种个人进攻战术中，运球突破是非常重要且对对方球门具有十足威胁力的战术方式。作为一种高效创造极佳传球与射门机会的方法，运球突破更是制造以多打少局面和破坏对方防守体系的重要手段。下面列举可选择运球突破方式来制造射门机会的情况。

第一种情况是拥有球权的运动员不存在传球和射门机会的时候，通过运球突破方法，可以实现制造传球和射门的可能。

第二种情况是在变化攻守位置的时候，拥有球权的运动员在进攻三区里，当遇到对方最后一个防守运动员的时候，防守运动员的后方存在足够的空当，可以积极选择运球突破的方式来突破防守。

第三种情况是拥有球权的运动员在对方运动员进行紧逼拼抢的过程中，暂时没有了传球与射门角度的时候，需要运动员通过运球突破，进行逼抢，迫使其向后方撤退防守。

第四种情况是对手球员选择创造越位的足球战术，此时又不存在传球机会的时候，球员需要运用反越位战术，立即进行运球突破，完成直接射门。

（四）个人进攻战术之跑位

跑位就是足球运动员在赛场上没有球权的时候，利用有意识的跑动，帮助自己与同队的球员寻找和制造进攻机会的行为运动。在足球战术中，跑位战术也是非常重要的组成部分，其涉及了足球运动员的观察力、灵活度、合理的时机和明确的目的。

（五）个人进攻战术之接应

作为一种战术行动，接应同样不要求持有球权。接应为球员在局部区域创造以多打少和破坏对手防守线的一种重要方式。接应可以为球队带来很多进攻机遇，更可以让本队的足球战术灵活多变，从而增加球员和球队的进攻效率。

具体讲解接应战术，可先将在场的十个球员划分为三组。第一组为第一进攻组，主要负责持球；第二组为第二进攻组，主要负责接应；第三组为第三进攻者，主要负责接应第二组的接应队员。这三组恰恰可以成为一个完整的进攻体系，在默契的配合下，可以制造射门的机会。在这里要注意的是，接应队员应将如下三部分内容予以充分思考：接应的呼喊、距离和角度。

（六）个人进攻战术之局部进攻配合

在实际赛况中，整支球队的进攻战术是由无数个局部进攻配合而成的，而局部进攻配合也可分为二人配合与三人配合。

1.局部进攻配合：二人局部进攻配合

两名球员共同配合进行局部进攻是较为常见的一种战术方式。其具体可分为回传反切二过一、踢墙式配合二过一、交叉掩护二过一，以及传切配合二过一。

（1）传切配合二过一

传切配合二过一是两名进攻队员通过一传、一切配合越过一名防守队员的配合方法。

斜传直插二过一见图4-2-1。

直传斜插二过一见图4-2-2。

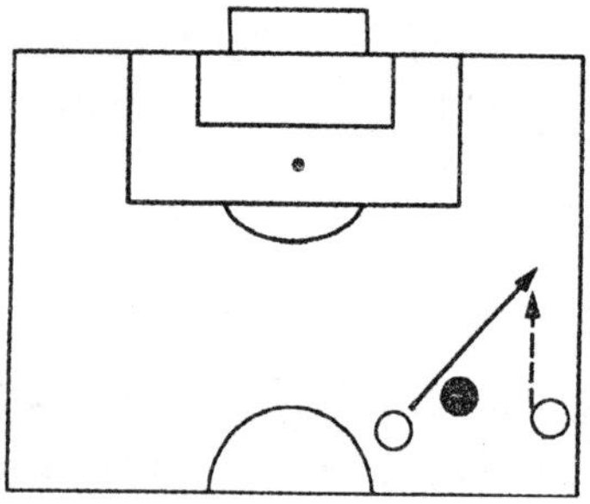

图 4-2-1　斜传直插二过一

（据《高校足球教学实践研究与理论指导》，孟东明，2014年）

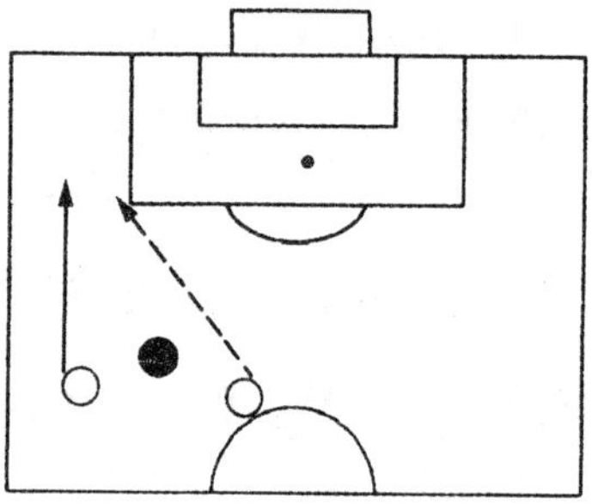

图 4-2-2　直传斜插二过一

（据《高校足球教学实践研究与理论指导》，孟东明，2014年）

可以说，在各式各样的足球进攻配合手段中，二过一的便捷性、有效性和使用率都是名列前茅的。之所以二过一在比赛中如此常见，这是因为二过一没有区域的要求，或人员位置的要求。只要在球场上，相同队伍的两个球员都可以选择该种进攻配合方式。具体而言，在球场的局部地区，整支球队的进攻配合效率和质量与二人进攻配合水平的高低息息相关。同时，想要提高二人进攻配合水平，不仅要提高每一名球员的足球技术水平和战术意识，而且还应该培养球员之间的默契配合度。

（2）交叉掩护二过一

交叉掩护二过一是两名进攻队员通过运球与身体的掩护越过一名防守队员的配合方法（图4-2-3）。

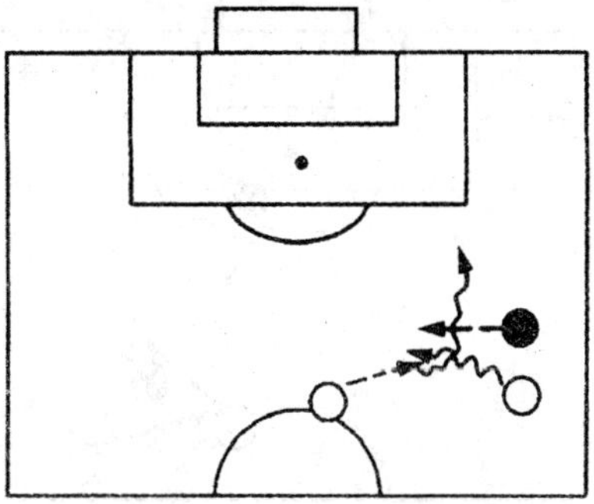

图 4-2-3　交叉掩护二过一

（据《高校足球教学实践研究与理论指导》，孟东明，2014年）

对持球队员要求：

①用远离防守者的脚带球，将身体置于球与对手之间保护球；

②与同伴交接球时可做运球假动作而不触球；

③完成配合后要继续跑位进攻。

对接球切入队员要求：

①靠近运球同伴以接应之势迷惑对手；

②选择有利时机突然启动，接带球越过对手。

2.局部进攻配合：三人局部进攻配合

顾名思义，三人局部进攻配合就是同队三名球员共同完成的一种战术配合方式。具体含义为在球场的局部地区，三名进攻球员通过战术配合攻击两名对方的防守球员。这就是常说的“三对二”。

与二人局部进攻配合进行对比，三人的进攻配合对对方的防守线更具威胁，同时在战术上变化更多，可以选择的传球点更多，并且具有宽广的进攻面。

在看到三人局部进攻配合的高效一面的同时，也应看到三人进攻的难度与复杂性，因此，开展三人进攻对球员的技能与配合要求更高。

（1）连续二过一

连续二过一至少由两组二过一配合组成（图4-2-4）。

图 4-2-4　连续二过一

（据《高校足球教学实践研究与理论指导》，孟东明，2014年）

在三人配合时应做到：

①3名进攻队员的位置基本上呈三角形。两名无球队员不能一起跑向同一个点造成位置重叠。

②控球者在传球前应注意观察，选择最有威胁的进攻配合。

（2）三过二

“三过二”是在比赛局部进攻时，3个进攻队员通过连续配合突破2个防守者的防守。

方法一：如图4-2-5所示，⑨向后跑动接球，再将球传给⑥，⑦假动作并伺机从内线切入接⑥的传球突破防守。

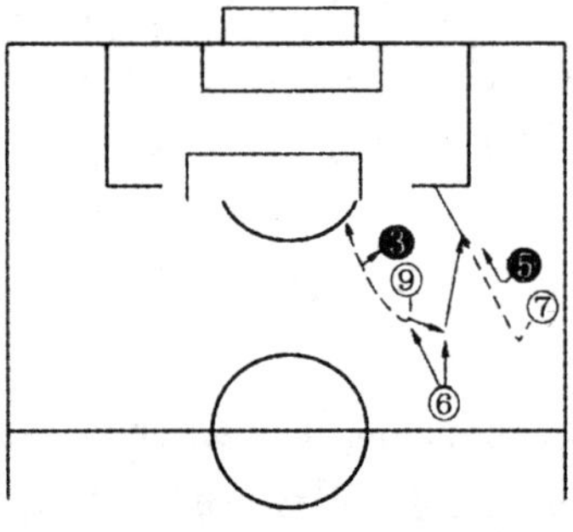

图 4-2-5　“三过二”示例1

（据《高校足球教学实践研究与理论指导》，孟东明，2014年）

方法二：如图4-2-6所示，⑦持球，⑥假接应，⑨斜插把防守队员支开，⑥插上至⑨制造出的空当接⑦的传球，突破防守。

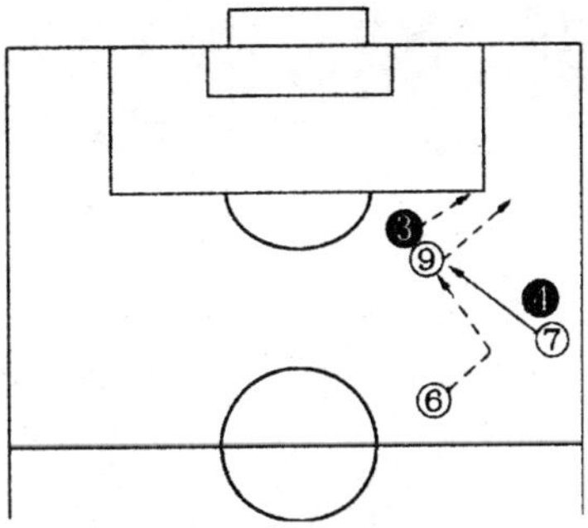

图 4-2-6　“三过二”示例2

（据《高校足球教学实践研究与理论指导》，孟东明，2014年）

3.创造和利用空间

如何练习足球技术来创造利用空间跑位？跑位在足球比赛中起着至关重要的作用，运动员在场上80%的时间都在跑位，通过不断地进行跑位，不仅可以吸引到敌方的注意力，甚至可以把对手引入自己的圈套，而想要在足球比赛中更好地创造和利用空间，必须做到：以球的动向而动，以近球者而动，以前者而动。

4.定位球的进攻

在足球运动中，定位球攻击战术是一项十分具有技术性和艺术性的攻击技术，在现代防守越来越严密的足球战术体系下，中前场的定位球战术不失为一个破门的好办法。定位球战术包括任意球、角球、挪界外球、球门球和中场开球战术。定位球战术在现代足球比赛中的作用和效果极为重要，尤其是任意球和角球，甚至可以左右赛事的胜负。

（七）常见的进攻方法

1.阵地进攻中的边路传中、中路渗透、中边转移

（1）边路传中

边路传中是在对方半场两侧地区发展的进攻，以传中创造射门为目的。由于两侧地区防守队员相对较少，空隙较大，攻方在这一地区便于发动进攻，突破防线，创造攻门机会。但是由于离球门远、角度小，直接得分的可能性小，大多数的攻门仍然由边路突破传中后，由中路和异侧同伴包抄完成。创造边路传中的方法如下。

①前锋的配合突破。

②前锋插边。

③前卫套边。

④边后卫插上。

（2）中路渗透

中路渗透一般有后场发动进攻、中场发动进攻、前场发动进攻三种形式。

①后场发动进攻：

a.守门员发动进攻（图4–2–7）；

b.后卫发动进攻（图4–2–8）。

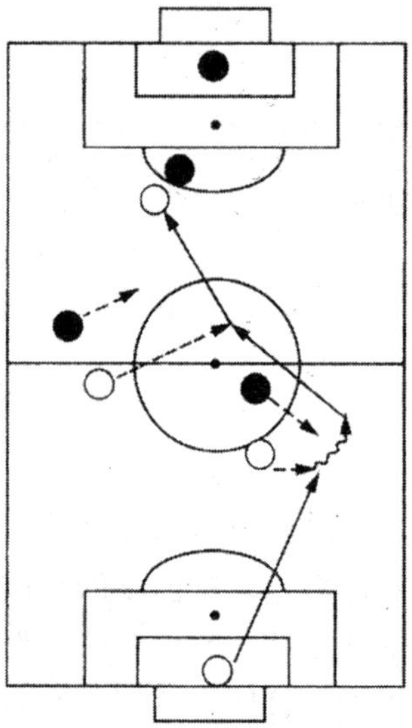

图 4–2–7　后场发动进攻之守门员发动进攻

（据《高校足球实用技战术教学与训练研究》，李亮，2014年）

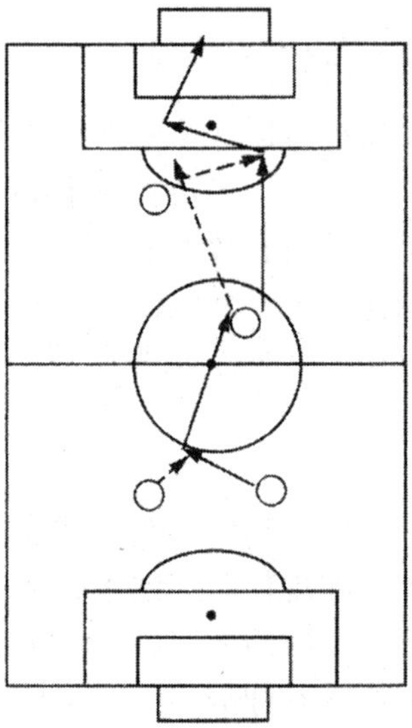

图 4–2–8　后场发动进攻之后卫发动进攻

（据《高校足球实用技战术教学与训练研究》，李亮，2014年）

②中场发动进攻：阵地进攻中的中路渗透的主要战术配合是由中场发动的，前卫队员担负着组织核心的重要角色。采用的方法是短传配合，以各种二过一来摆脱对方的防守（图4–2–9）。

③前场发动进攻：防守这种进攻方式基本依赖于前锋。具体来说，担当前锋位置的球员回撤之后，在该球员的身后会出现一个空当，可通过这个空当反切插入。有时，后排的前卫和后卫也可以插入空白进行进攻。与此同时，可以组织二人局部进攻，在罚球区域周围开展踢墙式二过一的配

合，从而达到破坏对手球员中路的严防死守。

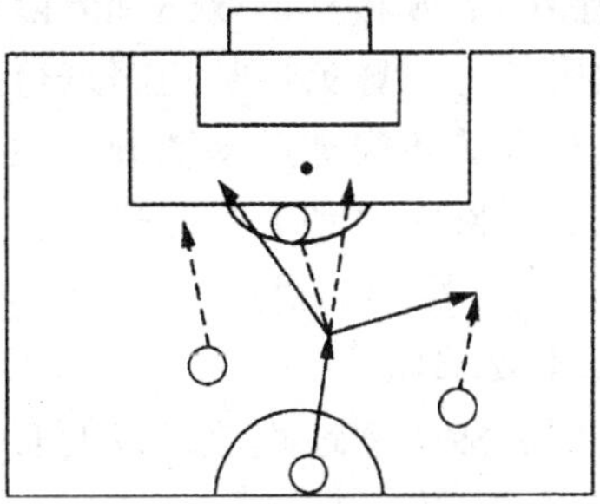

图 4-2-9-1　中场发动进攻示例1

（据《高校足球实用技战术教学与训练研究》，李亮，2014年）

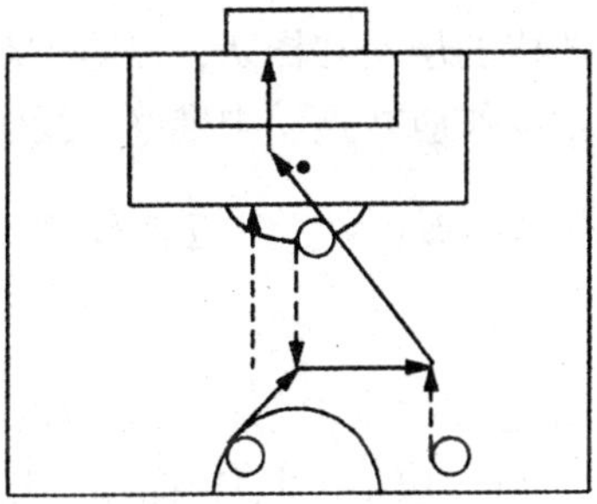

图 4-2-9-2　中场发动进攻示例2

（据《高校足球实用技战术教学与训练研究》，李亮，2014年）

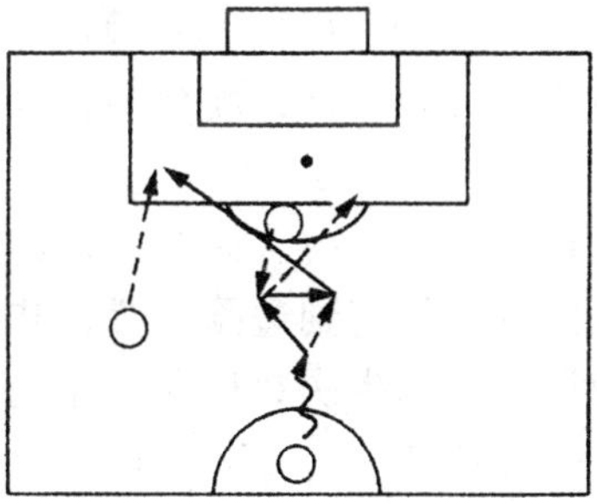

图 4-2-9-3　中场发动进攻示例3

（据《高校足球实用技战术教学与训练研究》，李亮，2014年）

（3）中边转移

通常，中路位置是防守队员较为集中的区域，同时也是进攻球员的突破难点，因此双方都会在中路区域进行大量的排兵布阵。然而，简单的中路渗透起不到突破中路防线的作用。基于此，如果进攻球员在中路区域遇阻，那么应立刻朝向边路的区域转移，以达到分散对方布置在中路区域的球员注意力的目的。之后，进攻球员再从边路进行突破，逐渐把进攻方向转移到中路位置。如果对方的防守球员多数分布在某一侧边路的时候，进攻球员还可从某一侧边路慢慢转移到另一侧边路，以达到进攻方向不断变化转移，从而吸引防守球员注意力的目的。

（4）阵地进攻的基本要求如下。

①前场和中场队员要灵活机动地跑位，以便有效地调动和拉开对方的防线。

②控球队员应首先考虑快速向前传球，以便加快向前推进的速度。

③进攻时应不断利用动作节奏变化和快慢速度的交替调动对方的防守重心。

④进攻的推进应有严格的层次和梯队，以防被对方断球后反击。

⑤传球要准确，技术动作应在跑动中准确、简练地完成。

2.快攻中的边路传中、中路突破、中边转移

（1）快攻的方式

事实上，在多种足球进攻战术中，快速进攻的效率是最高的。这种高效的进攻战术注重“准”与“快”。具体来说，快速进攻指的是，在比赛中，当原防守球员转为进攻球员的时候，及时抓住现防守方的防线空档，利用迅速快捷的传球配合，巧妙制造射门契机。

①边路传中。边路传中可划分为两个基本形式：个人突破，以及边路运动员立即插上到防守球员的身后实现接球突破。

②中路突破。除了个人突破之外，配合突破也是中路突破中的一种重要形式。

③中边转移。中边转移的基本内容为在比赛过程中，中后场拿到球权之后，球员把足球一次性直接长传到边路位置，并且让边路位置的球员持球进行突破，或通过中场区域的少次数传球，让足球被分至边路，此时边路队员需要及时持球并完成突破。

（2）快攻的基本要求

快攻的基本要求涉及如下五大方面：其一，球员应该有较强的快攻意识，换言之，球队上下的所有球员都需要如下意识：得球等于立刻发动快攻；其二，球员应具备较强的综合能力，包括较为宽广的视野以及优异的观察力，这体现在球员及时抓住每一次的快攻机会；其三是快攻不仅具备固定的攻击手与突击点，而且还需要具备机动的突击点和攻击手，凸显

随机应变的能力与灵活度、敏捷度等；其四是快攻组织者应具备扎实的中长传技术能力，只有这样才能保证在形成快攻局面之后，球员可以更加快速、准确地把足球传至突击点；其五是成为球队的快攻突击手应具备强烈的向前意识，以及迅速攻击的能力。

三、高校足球运动防守战术教学与训练研究

（一）防守战术原则

与进攻战术相似，防守战术是从球队失去球权后立即开始的。可见，在足球赛场中，攻守交换是非常常见的。事实上，根据防守战术的实际运用情况，其技战术通常都体现出一定的被动性，换言之，防守技战术会受到进攻技战术的全面影响。

事实上，从战术的最终目的来看，防守战术是在想办法重新获得球权，而方式正是阻止对方球员形成有威胁的进攻行为。从这个角度来看，防守技战术依旧有一定的主动性。这主要表现在防守技战术会积极主动地进行抢断行动。下面具体介绍防守战术的几大原则。

第一原则是延缓：为了帮助本队可以布置更为严密的防守线，延缓与阻碍进攻方的进攻速度，为本队争取更多的组织时间。

第二原则是平衡：在人数上，本队处于防守位置的球员应和对方的进攻球员数量相似。

第三原则是集中：作为防守方的球员在回到所处位置后，需要全神贯注地观察进攻者，及时分析进攻球员的下一步动作，并因时制宜地选择合理积极的反抢动作。

第四原则是控制：这种原则一般针对的是球场后场区域的防守。控制原则的基本内容为：由于球门前是防守区的核心位置，防守方的球员只有选择盯人手段，才可以保证本队球门的安全，从而达到严密控制进攻方在核心区域的所有行动的目的。盯人手段分为人盯人保护的方式和运用区域盯人两种，防守球员任选其一。采用的依据是本队与进攻球员的具体攻守特点。不管最终选择哪种盯人手段，严密控制进攻方的进攻行为才是关键目的。

（二）不同位置的防守职能

①前卫。担当前卫位置的球员是发挥锋卫之间的桥梁以及攻守枢纽作用的重要球员。充当该位置的球员的重要职责就是全攻全守的。结合实际

的比赛需求，在百兵布阵的时候可将前卫进行更为细致的划分：组织型前卫、防守型前卫和进攻型前卫。

②突前中卫。担当双中卫的球员通常位于球门前的关键区域。作为防守方的重要人员，双中卫将充分发挥自身的防守技能和战术，帮助球队解围。一般来说，双中卫中突前的是突前中卫，而拖后者则是自由中卫。

③自由中卫。担当自由中卫的球员主要活动在三名后卫后方的核心地带。可以说，自由中卫是防守线上坚强后盾。换言之，自由中卫需要结合足球的所在位置，以及攻守双方的具体情况，确定好自己的位置，积极应对变化莫测的球场局面。

④边后卫。担当此位置的球员重在防守边翼，与此同时，边后卫还需要结合足球的位置和战术的安排来合理开展防守行动。

（三）足球运动防守战术的训练教学

1.防守基本技术的训练教学

防守最为基本的技术要求就是能够及时抢断攻击方的来球。因此，抢球训练在防守基本技能中非常重要。具体来说，教师可将学生分配为两名为一个组，配置一个足球。要求为一名学生在规定区域内进行各种运球，同时另一名学生要积极上前进行抢断。

除此之外，防守步法的练习也是非常重要的防守基本技术的训练内容。在进行组织练习的过程中，教师可安排学生两两一组，配置一个足球，或一名学生带球在规定区域内完成不同的加动作，而另外一名学生需要进行消极的抢球训练。具体要求为，速度不宜过快，动作幅度不要太小。同时，教师还应组织两两一组的铲球训练，或射门练习、运球过人等。

2.专项身体素质的训练教学

身体素质是影响高校学生开展一系列训练的基础。在足球教学中，专项身体素质练习也是必不可少的训练环节。具体来说，在足球训练中，身体素质练习涉及的力量、柔韧、耐力、灵敏和速度应与足球技术的结构与节奏具有一定的协调性。这一点在防守技术的表现就是积极主动地拼抢、灵活敏捷地反应以及迅速地移动脚步等。

3.预测和判断能力的训练教学

在进行防守训练的过程中，教师应帮助学生学习如何分析对于的特征，同时要求学生应积极和教师一起研究分析防守的策略，从而在日后的球场中可以准确抓住机会，高效高质地进行防守行动。为了达到这一目标，教师需要在模拟实战的练习中多加练习与强化，逐步提升学生的预测与判断能力。

首先要培养学生的比赛防守意识和训练中对防守技能练习的意识，其次要对学生的基本防守技术进行专门练习，并在模拟情境和教学比赛中加以强化，还要提高学生的专项身体素质，使学生具备良好的体能并能与足球防守技术动作相适应，在比赛中充分发挥出防守能力。除此之外，还要求训练学生分析对手特点以及根据对手特点提前预测和判断的能力。

具体来说，在进行预测和判断能力训练的时候，教师应先提高学生的防守意识和防守技能练习的意识。之后，教师应针对学生的基本防守技术开展多样的专项练习，并通过各种教学比赛进行强化。在积极进行足球技战术训练的同时，教师也需要加强学生的各项身体素质。只有具备综合全面的身体素质，才能使学生的体能达到高效完成足球防守技术动作的高要求，并在实际比赛中得以充分发挥自己的实力。

（四）足球防守战术分类

1.个人防守战术

作为局部与整体防守战术的重要构成内容，个人防守战术的重要性不言而言。

（1）选位

对于防守球员来说，当从进攻方变为防守方的时候，应该迅速选择最适合防守的位置。

图4-2-10为选位的示意图。从图中可知，最佳的防守位置应为进攻方和本队球门中心所构成的直线周边。在选对站位的同时，球员还应具备可以全面细致观察攻守球员之间行为情况的能力。只有这样才能让防守方能够更加清晰地判断进攻方的站位与跑位。与此同时，通过选位，防守球员还可以及时准确地判断足球的移动方向与球速，尽可能使足球与进攻方在自己的视线范围内。

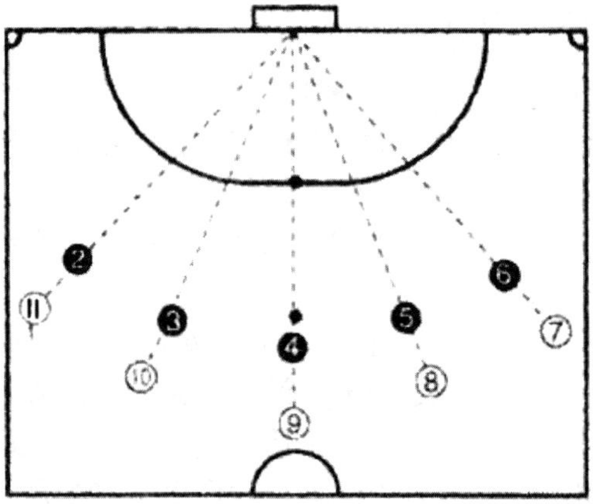

图4-2-10　选位

（据《现代高校足球运动理论与技战术技巧研究》，车岳峰，2018年）

总之，防守球员在选择站位的时候应该结合球场上战术形式的变化和对方进攻的路线去调整，从而站对防守位置。

（2）盯人

选位主要指的是防守球员不让进攻方得到威胁本队球门的机会。紧逼盯人基本用于禁区防守。盯人使用的范围很广，在可以抢球或是拦截球的区域内就可以实施盯人。

2.整体防守战术

（1）区域防守

区域防守主要指的是球员在全队处于防守方的时候，层层设防，逐步构成一个层层盯人和保护的整体防守体系。与此同时，在区域防守的战术下，所有球员都应在所在位置中较为稳定的返回位置内开展盯人防守。

（2）混合防守

混合防守是一种将人盯人防守和区域防守有机结合的方式。在比赛中充分使用混合防守，后腰盯人是较为高效的防守方式，采取其方式，除后腰外其他球员都依照区域防守战术来开展防守工作，或特意单独让某一位防守球员进行盯人防守，剩下的球员都进行区域防守。在采用混合防守方式时的注意事项：创造越位、不要在罚球区域或其附近犯规、夹击和围抢，失球权后抢夺，或立刻封堵；局部紧逼，彼此保护，迅速补位；层层设防，保持队形；重点盯住进攻方的组织者。

（3）任意球防守

任意球防守重在两大环节，第一个环节是抓紧时间、抓住机会干扰进攻方罚球，从而尽快完成人墙的组织。第二个环节是组织人墙环节。在这里要注意的是人墙的组织是有一定要求的，并非随意布置：①结合具体的罚球地点来安排人墙的人数；②人墙需要将本队球门近角一侧封堵死，守门员重在防守球门远角一侧，同时可看清罚球的球员与足球的来向；③人墙不要距离足球过远，阻止因角度问题造成封堵漏洞。

（五）足球运动防守战术训练

1.个人防守战术训练

①根据站位的诱导性，完成有球训练。在球场的半场区域，整支队伍依照比赛阵型依次站在相应的位置上，学生进行多方向的控球与运球。

②诱导性有球练习。作为进攻方的学生进行横向运动，要求距离球门14～20米，防守学生可以通过此训练练习选位。

③无球结合球门的练习。两两一组，彼此站立，距离为2米，一名学生作为攻方，另一名学生作为守方，前者应进行摆脱跑动，后者应选位盯人。

④一对一盯人练习。规定范围内（半场），两两一组，进攻方应带球进行变向与变速运球，防守方则应盯人练习。

2.局部防守战术训练

局部防守战术训练主要包括如下三种练习方式。

①图4-2-11为局部防守战术练习一的示意图。从图中可见，该练习要在10米×30米的3个方格内进行。S处的学生把球传给被❶号学生盯防的①号，❶号需要做的是迫使①号横向活动，同时阻止其到达对面的端线，而保护❶就是❷的主要任务。

②图4-2-12为局部防守战术练习二的示意图。从图中可知，该练习的规定范围是30米×20米的6个方格。在6个方格中，各有两名学生，其中一名为守门员。在区域内的两端分别设置两个球门。在进攻学生与球门近在咫尺时，同时射门无阻拦的情况下，教师应积极鼓励学生进行射门，从而达到增强射门信心和勇气的作用。在这里应注意的是，防守学生需要严密紧盯对手，阻止其射门。

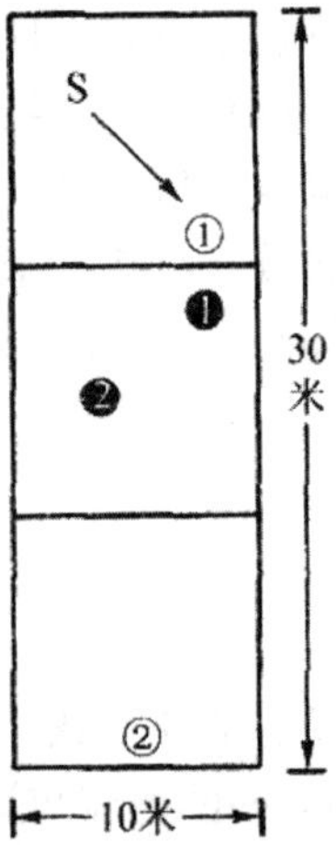

图 4-2-11　局部防守战术练习一

（据《现代高校足球运动理论与技战术技巧研究》，车岳峰，2018年）

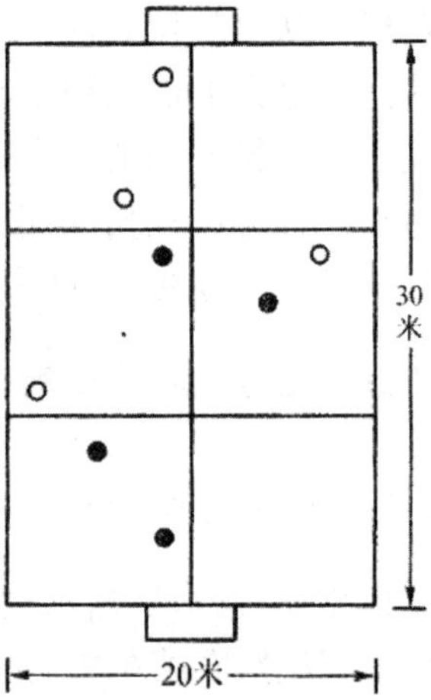

图 4-2-12　局部防守战术练习二

（据《现代高校足球运动理论与技战术技巧研究》，车岳峰，2018年）

③第三种练习法是“二对三”的攻守练习。具体指的是，攻守双方都应在10米×20米的区域内活动。当进攻的学生突破一名防守学生的防守时，在周围的两名防守学生之间开展补位练习。

3.集体防守战术训练

①如图4-2-13为集体防守战术练习一的示意图。这种方法也称为无对抗的七人区域防守练习。首先ⓧ将足球传至⑩，每一名学生都要根据箭头所示向⑩移动，之后放开⑦，⑩将足球传至ⓧ，每一名学生则向ⓧ移动，之后ⓧ将足球传给⑦，此时七名防守学生应朝⑦移动，并放开⑩，基于上述内容进行多次重复。

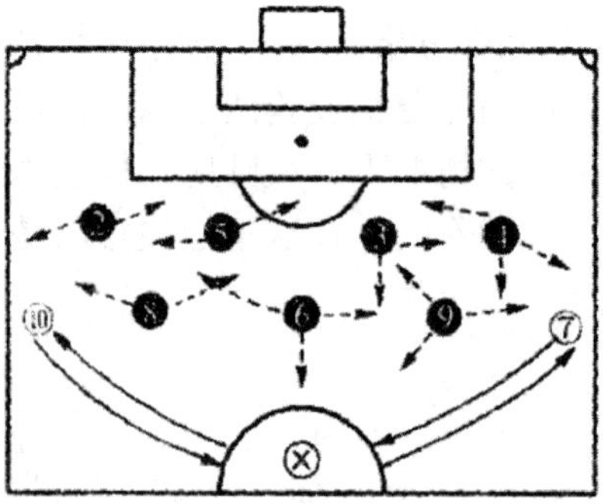

图 4-2-13　集体防守战术练习一

（据《现代高校足球运动理论与技战术技巧研究》，车岳峰，2018年）

②图4-2-14为集体防守战术练习二的示意图，这种练习方式比第一种略显复杂。同时也可称这种练习法为有对抗的区域盯人防守：“六攻七练习”。作为进攻方的球员通过套边、中路渗透、灵活跑位等积极配合完成进攻活动，与此同时，作为防守方的学生则积极抢断。⑨远离❻控球的过程中，❻不盯⑨，而是在原地等待⑨带球前进时再进行堵抢。如果⑨插向❹和❺之间的空当，❻回撤紧盯⑨，或者❺移动盯⑨，❻回撤至❺空出的防守区域保护❺，让中路防守始终保持一人轮空保护。

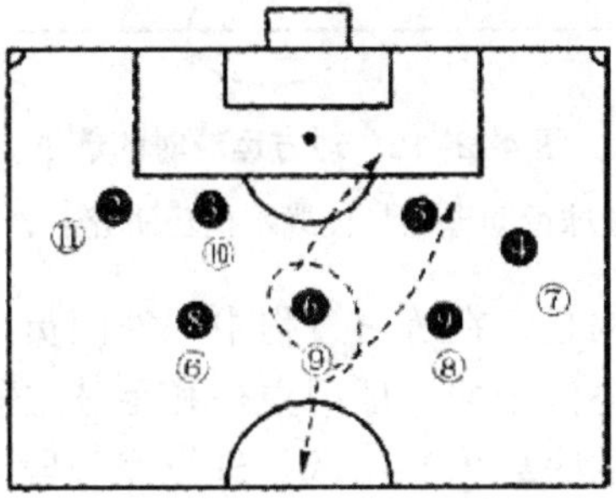

图 4-2-14　集体防守战术练习二

（据《现代高校足球运动理论与技战术技巧研究》，车岳峰，2018年）

四、高校足球运动守门员战术教学研究

（一）守门员选位

1.基本选位

（1）进攻方运球时的选位

图4-2-15为对方运球时的选位示意图。从图中可知：两个守门员，三个进攻队员需要分开站位，左中右各占一个，距离罚球区外约2～5米，每人一球。同时还要设置另外一名教师。此时，教师应不间断地朝左中右队员发出运控球指令。守门员需要位于球门线周边，结合教师的发号施令与控球学生的运球情况，积极快速地调整自己与其他队员之间的关系。

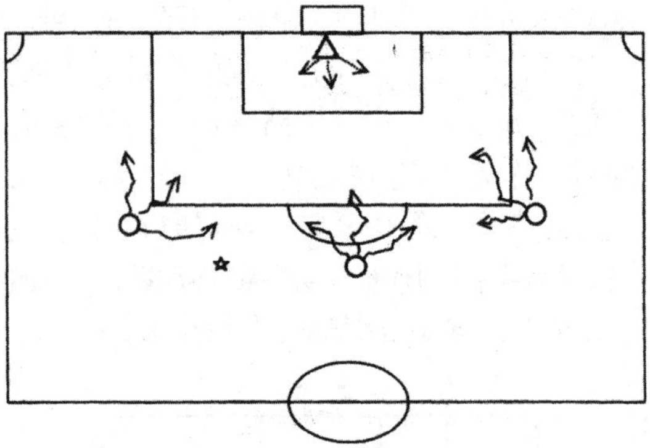

图 4-2-15　对方运球时的选位

（据《现代高校足球运动理论与技战术技巧研究》，车岳峰，2018年）

在这里需要注意的是，在练习过程中，守门员应积极移动，并保证一定的速度，让自己始终位于两个球门立柱和足球之间形成的夹角的角平分线上，与球门线之间的距离为2～4米。进行完一段时间之后，担当守门员的学生应进行练习位置的互换。

（2）进攻方在罚球区外周边传球时的选位

图4-2-16为第二种选位的练习方式。具体方法为由两名学生担当守门员，同时安排三名学生担当进攻方，以三个位置依次分开站于罚球区外为左中右，距离要求为2～5米，练习器材为一个足球。

此时，依旧需要安排一个教师作为发号施令人。教师需要不间断地朝三名进攻学生发送传球或控球的指令。学生听从指令进行连续传球。守门员所在位置是球门线周边，结合所听指令以及球员的传球情况，守门员应快速正确地调整自己和其他球员之间的位置关系。

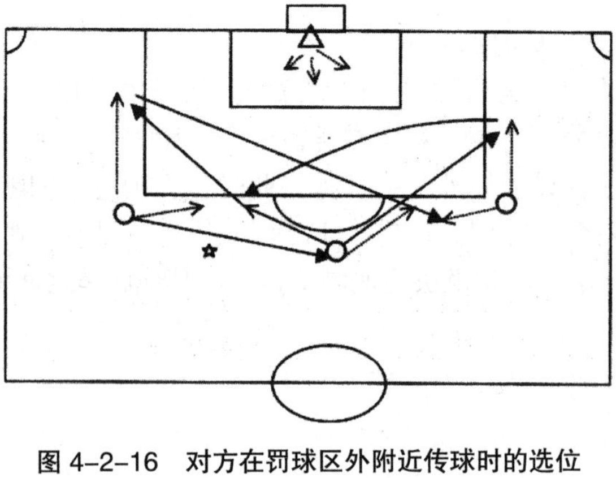

图 4-2-16　对方在罚球区外附近传球时的选位

（据《现代高校足球运动理论与技战术技巧研究》，车岳峰，2018年）

在这里要注意的是，在训练过程中，球员需要快速移动位置，同时要一直位于两个球门立柱和足球之间所构成的夹角的角平分线上，而距离要求与进攻方运球时的选位练习相同。两位守门员在进行一段时间后进行位置互换。

（3）进攻方运球到角球区周边传中时的选位

图4–2–17为选位练习的第三种方式。从图中可知，该训练需要两名学生担当守门员，同时安排六名学生担当进攻方，位置在罚球区外的两大边路，同时设置六个球便于练习。门前中路的布阵为“三对三”模式，除此之外，还应该再安排一个教师。

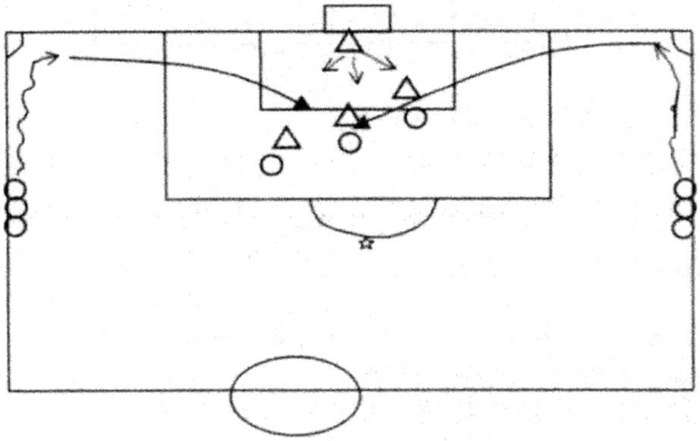

图 4–2–17 对方运球到角球区周边传中时的选位

（据《现代高校足球运动理论与技战术技巧研究》，车岳峰，2018年）

练习开始，教师不间断地朝左侧和右侧的学生发布运球传中的指令，之后负责传球的学生把足球传运至角球区域周边传中。担当守门员的学生应位于球门线周边，通过听从教师的发号施令以及传球员的具体传球，及时快速地将球门与自身的位置关系调整至最佳。

在这里要强调的是，当负责控传球的学生将足球运送至角球区周边传中的过程，通常担当守门员的学生应该坚守球门的中后部区域，从而实现从后方到前方及时迅速控制球门前空间的目标。

除此之外，守门员在面对足球已传至门前的时候，务必结合比赛的实际局面，积极及时地将球门和自身的位置关系调整至最佳，从而确保可以尽可能地封堵对方的射门角度。

（4）进攻方运球至罚球区底角周边传中时的选位

图4–2–18为第四种选位练习的方式示意图。从图中可知，该练习与上文介绍的三种选位法的学生布置相同，都是六名负责进攻的学生加上两名

守门员，进攻方位于罚球区外的两个边路位置，六名学生都执一球。在练习中，门前中路的排兵布阵为“三对三”，同时还要设置一名教师。

之后，教师需要朝两边路的学生发号施令，学生听从指令把足球运至罚球区底角周边传中。负责球门的学生应位于球门线周边，结合教师的指令与进攻方的传球情况，从而快速完成自身与球门的位置调整。

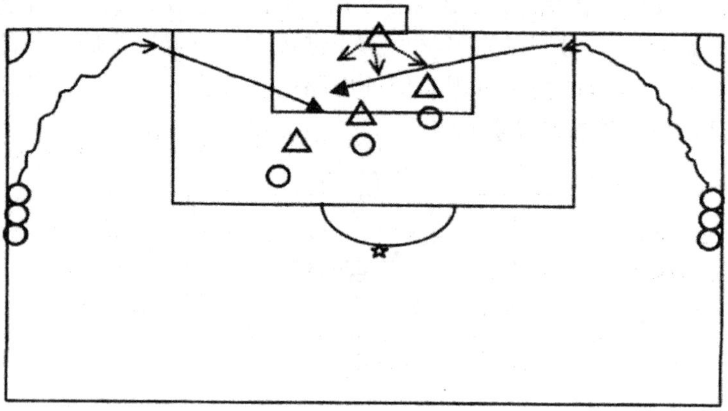

图 4–2–18　对方运球到罚球区底角附近传中时的选位

（据《现代高校足球运动理论与技战术技巧研究》，车岳峰，2018年）

在这里需要注意的是，守门员在练习过程中应坚守在本队球门的前部位置。面对来球时，守门员应结合现场情况，积极调整自己的所在位置，从而达到封堵对方的射门角度的目的。

2.特殊情况下的选位

（1）进攻方罚角球

在进行这种选位练习的时候，进攻学生应从站在两侧角球区域，并逐渐罚角球，罚球区内安排为“五对五”。守门员需要做的行动就是结合实际情况积极调整站位，以确保球门的安全。

具体而言，通常，进攻方罚角球的时候，守方的守门员基本位于中部靠近后门柱的球门线周边，同时面向侧对角球。角球被发出后，守门员应及时判断，积极调整站位。与此同时，负责罚角球的人需要通过改变足球的角度和力量，从而达到变化发出球的落点。

（2）进攻方在本方罚球区周边中路罚任意球

在进行该项练习的时候，进攻方需要在罚球区外中路周边罚直接和间接任意球，而防守方在进行设置人墙的过程中，通常为五人或四人，即罚球区内进行“五对五”的布阵。

通常，进攻方在本方罚球区中路周边罚任意球的时候，防守方需要及时安排人墙，并封堵前角。作为最后一道防线，守门员多在中部靠近后门柱的球门线附近。面对接近本队球门的来球，守门员应积极判断，并训练让自己与球门的保持一个最佳的位置。另外，进攻方也不需要不断变化发球的落点。

（3）进攻方在本方罚球区内球门区线上罚间接任意球

作为进攻方的学生需要完成正侧面的间接任意球的罚球行动，所在区域为罚球区内球门区线上。为了建立防线，防守方应设置人墙，人数为8～9人最好。作为守门员的球员应从实际出发，迅速调整站位，最佳的位置是位于本方人墙前中部靠近足球更近的一侧。

具体来说，守门员需要完成的技战术任务就是封堵前角。也就是说，防守人墙是重要的防线，而作为重要的球门“守护者”学生需要站在人墙靠前的位置，距离对方罚球点近。当来自进攻学生的足球发出的瞬间，守门员就应第一时间做出判断，通过位置的积极调整，达到阻止进攻方进球的目的。此时，负责罚球的学生应该积极主动地使罚球的方式与球的走向富有变化。

（4）进攻方在本方罚球区附近边路罚任意球

作为进攻方的学生负责直接任意球和间接任意球额罚球任务，所在区域应是罚球区外边路周边。通常，在这种情形下，作为防守方的学生需要组织起防守人墙，人数为2～3人最佳，罚球区内形成“五对五”的局面。与其他几种练习方式一样，守门员也需要具体情况具体分析，从而完成站位的调整。

一般来说，作为重要防守线的守门员需要站在中部略靠近后门柱的球门线左右。在依靠自身判断力的情况下，调整位置并达到破坏对方的射门。在这里要强调的是，两侧边路都应是练习的重点，同时积极改变边路罚球点的所在处。

（5）进攻方中路（运球或插入）突破时的选位

安排两名学生担当守门员，同时在罚球区外的各个区域设置几名学生作为进攻方主要负责运球，并让一名教师做发布指令工作。

教师向场上的进攻方的某一名学生发出指令，该学生需要带球进入罚球区，不断威胁球门，并靠近守门员。此时，负责球门防守的学生应充分考虑运球学生的控球情况，做出正确的位置选择，从而达到破坏对方射门的目的。

在开展该项训练的过程中，通常，守门员需要在基本不会出现来球为吊球的情形下，逐渐靠近运球学生。一旦发现负责运球的学生进入防守范围，就需要立刻开展防守行动。

（二）出击防守边路传中时的出击

1.进攻方罚角球时的出击

开展该项练习旨在不断提升守门员精准的封堵球门区域死角的技术水平，从而达到阻止或破坏对方射门的最终目的。

教师要进行分组，一方为进攻方，另一方为包括守门员的防守方。进攻方派出两名学生依次分别发出角球，所站位置应是球场两侧角球区。如此一来，罚球区应形成“五对五”的球场局面。

具体而言，当作为进攻方的学生进行罚角球行为的时候，作为防守方的守门员基本位于中部靠近后门柱的球门线周边，为了动作的敏捷，守门员的身体应朝向对角球。在防守过程中，守门员必须完成及时快速的防守动作，通过位置的积极调整，达到封堵死角的目的。

2.边路四十五度高吊传中

进行该项练习旨在不断提升守门员的判断力。如此一样，在实际赛场上，面对进攻方的来球，守门员在重压之下，依旧可以及时正确地判断对方来球的性质，从而起到防守球门的作用。

先行设置分组，守门员作为防守方，安排两名学生作为进攻方。进攻队员需要朝防守球门的罚球区域内部长传高吊球，进攻队员的人数为两名，区域为罚球区域两个顶角的外侧边路约15米所在处。罚球的时候，进攻方的两名队员应依次分开进行，此时罚球区域内的局面为“五对五”。为了发挥防守作用，守门员需要积极地调整自身与球门之间的位置。

具体而言，面对进攻方边路45°传中的来球，守门员应及时并正确地分析来球的性质，通过判断，尽可能在最短的时间内以及最高点把威胁解决掉，从而阻止对方得分。

（三）防守中路的出击

1.进攻方中路直线长传地滚球插入突破时的出击

教师应安排好分组，一方学生作为进攻方，而另一方学生则为防守方。防守队员的所在位置应是罚球区外中路门前大概20米左右。此时需要两名进攻队员的配合，一名进攻队员主要负责撕开防守线，需要从边路斜线出发，直入中路两名中卫身后的空当，而另外的进攻队员为了突破防守，应从中圈弧顶处直线长传过顶球，并使足球超过防守方的头顶，打破传球局面，此时守门员应该从原站位出，向前出击，防守插入进攻队员（图4-2-19）。

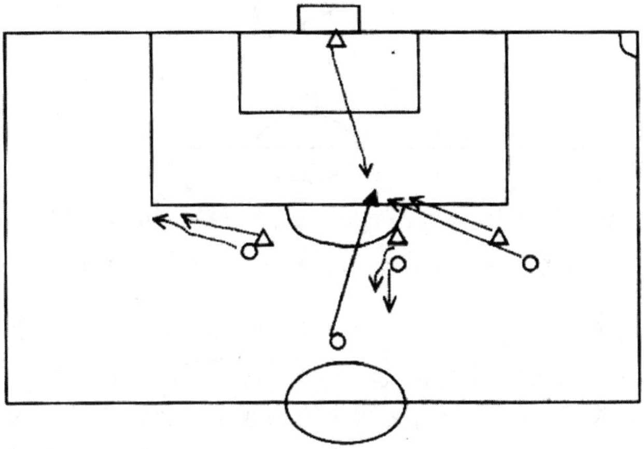

图 4-2-19　对方中路直线长传地滚球插入突破时的出击

（据《现代高校足球运动理论与技战术技巧研究》，车岳峰，2018年）

在这里要注意的是，守门员需要完成的防守行为包括判断来球的性质，如吊球则无法上前出击；灵敏度，如迅速靠近进攻学生；反应力，一旦进攻学生突破到防守区域内，守门员应迅速开展防守行为。

2.进攻方中路直线长传高吊球插入突破时的出击

进攻方需要在场面内形成“三打二”的局面。练习所在位置为罚球区域外中路门前20米左右的位置。作为进攻方的两名学生担当中锋位置，利用交叉跑位，摆脱其他防守队员。此时，控球学生应站在中圈弧顶位置通过长传技术，将足球越过头顶，使足球的落点在摆脱队员的身前，从而完成中路突破。面对这种局面，守门员应迅速从球门中出击，对威胁球门的进攻方队员进行严防死守（图4-2-20）。

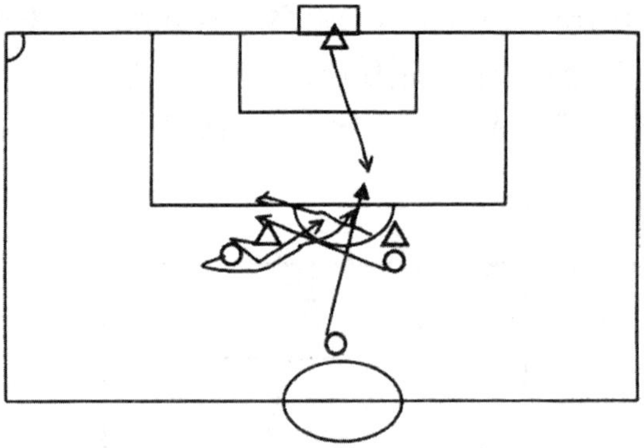

图 4-2-20 对方中路直线长传高吊球插入突破时的出击

（据《现代高校足球运动理论与技战术技巧研究》，车岳峰，2018年）

该项训练对守门员的基本要求是应在进攻方队员进行传球动作的时候，迅速正确地判断传球的落点，及时出击，务必在插入的队员之前立刻把威胁来球解决掉。一旦守门员面对的局面是，无法先行插入队员解决威胁，那么在走出球门时，应及时判断球门是否会有被对方队员通过吊球攻破球门的可能，之后，再迅速靠近进攻队员，并开展一系列防守行动。

3.进攻方中路斜线长传高吊球插入突破时的出击

该项训练和直线长传高吊球的练习并无本质性的差异。区别在于负责控球的队员应该从中路中线周边进行斜线长传行动，促使足球越过顶球，至摆脱队员的身前，形成中路突破。在这个时候，作为防守方的守门员就需要主动出击，阻止进攻队员的下一步动作（图4-2-21）。

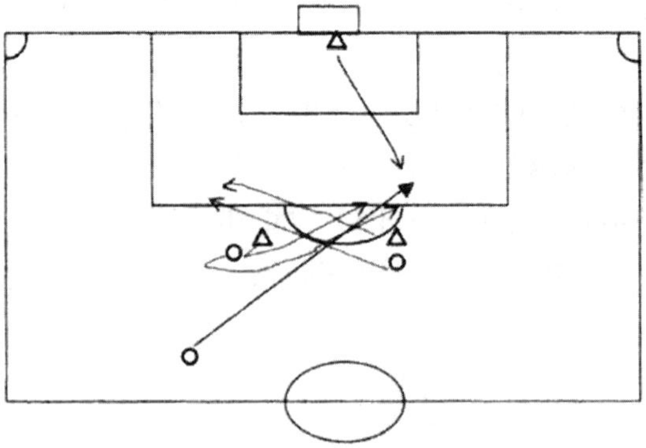

图 4-2-21 对方中路斜线长传高吊球插入突破时的出击

（据《现代高校足球运动理论与技战术技巧研究》，车岳峰，2018年）

该项练习同样需要守门员具有果决的判断力和动作的灵敏度，十足的反应力，务必要抢在进攻方之前将威胁处理掉。

4.进攻方中路短传渗透插入突破时的出击

这种练习方式对学生的技术能力要求较为严格。具体而言，教师通过细致安排，要求进攻方与防守方高质量完成一系列攻防技术动作，从而达到提高学生足球技战术水平的作用。

具体而言，该练习应在规定区域内形成“二打一”的局面。练习的主要区域是门前中路罚球区外约5米左右的位置。为了快速摆脱对方队员，担当中锋位置的队员需要利用各种假动作、交叉跑位等技术完成行动。之后，负责控球的队员应站在中路罚球区外周边地区，通过斜线进行地滚球的传球行动，并使足球来到摆脱队员的身前，制造出预期的中路突破。面对此情形，守门员就必须主动出击，进行防守行动（图4–2–22）。

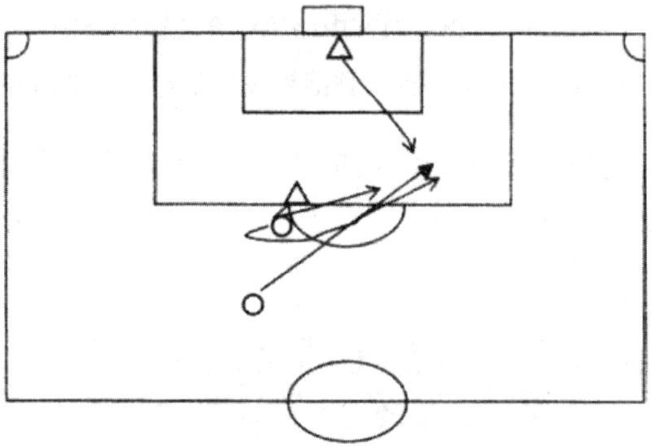

图 4–2–22　对方中路短传渗透插入突破时的出击

（据《现代高校足球运动理论与技战术技巧研究》，车岳峰，2018年）

进行该项防守战术训练的过程中，对吊球的判断同样重要。一旦有对方来球是吊球的可能，守门员就不应主动出击。因为如果无畏吊球从门中出击，则非常有可能让吊球掉入无人看守的球门内，造成失分。由此可见，及时并正确地判断来球性质对于守门员来说至关重要。

5.进攻方中路运球突破时的出击

最后一种防守练习的方式是教师将球员分为攻守队，其中负责进攻队的人数为二人，而负责防守队的人数为四人。练习的区域为正规场地的罚球区外中路位置，练习布局为“一对一”，同时还需要配有一名教师。

进攻方的一名队员需要听从教师发出的指令，通过运球，完成“一对一”攻防行动，之后越过防守队员，快速进入罚球区，带球向防守方的队员靠近。与此同时，作为重要的防线，守门员需要结合进攻方的控球情况，进行站位的选择，从而达到阻止或破坏运球队员射门的目的（图4–2–23）。

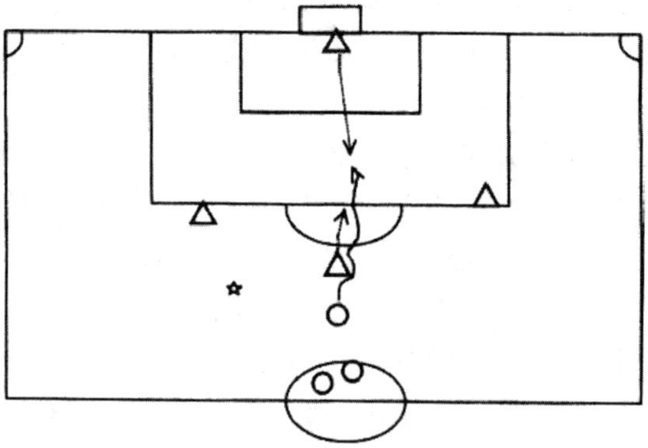

图 4–2–23　对方中路运球突破时的出击

（据《现代高校足球运动理论与技战术技巧研究》，车岳峰，2018年）

通常，在上述情况下，守门员应逐步靠近负责运球的队员，直到运球队员正式进入防守范围的时候，立刻开展一系列的防守活动。

第三节　高校足球运动学生的身心素质训练教学实践研究

在任何体育项目中，身心素质都是非常重要的训练内容，更是其他专项技术战术练习的基础。从高校足球运动教学的角度来看，科学有效地开展身心素质训练才能帮助高校足球运动学生实现综合全面发展。

一、高校足球运动学生的身体素质训练研究

（一）高校足球运动学生身体素质训练的价值与现实意义

随着现代足球运动的迅速发展，足球比赛的节奏也越来越快，这也要求如今的足球运动学习者应该具备更为全面和扎实的身体素质。由此可见，想要提高高校足球学习者的综合能力，必须在学习者的身体素质方面下功夫，下面进行详细讲解。

对于高校足球运动而言，身体素质训练是学习者进行高强度比赛的基础，更是支撑学习者承受较大负荷练习的重要身体前提。为了有效提高高校足球学习者的技战术的水平，或是提高学习者的运动成绩，身体素质训练必不可少。除此之外，提高高校足球运动学习者的身体素质也是保证学习者在日常练习和实际比赛中正常发挥的前提，换言之，高校足球运动学习者的身体素质是提高身心素质的基础。

（二）高校足球运动学生身体素质训练的主要内容

为了高效开展身体素质训练，教师应根据实际情况，将身体素质训练内容划分为五大块：力量、速度、耐力、灵敏及柔韧。这五大方面之间具有内在的联系，可以相互影响，彼此作用。事实上，运动身体素质训练在不同的体育项目中有不同的呈现方式。因此，教师需要通过不断地实践与积累，发掘与掌握期间的普遍规律，才能达到预期的训练效果。

1.力量素质训练

对于足球球员来说，力量是重要的技术推动力，尤其是速度力量。力量素质可以帮助高校足球学习者不断提高技术水平和能力。与此同时，力量素质也是区分高低水平学生的重要指标。

（1）力量素质的特训与训练原理

①力量素质的基本特点。力量素质是一种非周期性肌肉活动，而爆发力则是力量素质的核心。在足球比赛和日常训练中常见的可以体现力量素质的例子比比皆是，例如空中争夺球权、用力踢球、加速变速跑，以及各种巧妙的射门技术等。

正因为足球球员在克服足球重力以及自身重力方面是永久不变的。所以在进行各种足球技术行动的时候，球员所表现出来的都是在某种特定负荷条件下呈现出的最大动作速度力量以及速度力量耐力。

②力量素质训练的重要原理。根据相关研究表明，影响人体力量素质的因素有很多。最为常见的有如下五种：肌肉群间的协调关系，肌肉生理横切面的面积，中枢神经系统发放冲动的强度与频率，骨杠杆的机械效率，以及专项所需的肌纤维质量。

例如，一个人肌肉力量的强弱与各个类别的肌纤维的百分比有着直接的关联。在足球运动学习者身上，力量素质既体现在耐力性力量上，又表现在速度力量上。其中，前者主要指的是长时间的耐力，而后者指的是短时间之内的爆发力。由此可见，足球运动学习者想要切实提高自身的力量素质应综合地提高自身红肌纤维和白肌纤维的质量。特别是白肌纤维的质量对于力量素质而言至关重要。教师在日常训练的时候，需要科学合理地设置对负荷量发展具有一定针对性的训练。

（2）一般力量素质的训练方法

一般力量素质的训练方法主要有以下几种。

①仰卧起坐。②俯卧撑。③引体向上。④杠铃（或哑铃）练习。⑤体后屈伸。⑥收腹举腿。⑦仰卧推举。

下面，主要对杠铃练习进行详细说明。

硬拉和下蹲是常用的杠铃练习方式。在硬拉和下蹲中，躯干的姿势在本质上是相同的。学习者以躯干垂直姿势开始，胸部应该前挺，同时肩胛朝两个髋关节方向，向后下方牵拉（图4–3–1）。学习者应该感觉他们正在试图在肩胛骨之间夹住一张纸币，在整个举重动作过程中，他们应该保持这种胸部和肩部的姿势，并感觉“夹住了纸币”。

图 4–3–1　躯干姿势

（据《田径》，孙南，2016年）

a.硬拉。硬拉正面和侧面图如图4–3–2所示。

图 4–3–2　硬拉正面和侧面图

（据《田径》，孙南，2016年）

b.下蹲。下蹲主要有以下三种类型。

第一种，后蹲。后蹲如图4-3-3所示。

图 4-3-3　后蹲图

（据《田径》，孙南，2016年）

第二种，前蹲。前蹲如图4-3-4所示。

图 4-3-4　前蹲图

（据《田径》，孙南，2016年）

第三种，前举蹲。前举蹲如图4-3-5所示。

图 4-3-5　前举蹲图

（据《田径》，孙南，2016年）

c.其他练习手段。其他练习手段主要包括单腿蹬上台阶、负重弓步走、卧推、高翻、颈后推举等。

第一种，单腿蹬上台阶，如图4–3–6所示。

第二种，负重弓步走，如图4–3–7所示。

第三种，卧推，如图4–3–8所示。

第四种，高翻，如图4–3–9所示。

第五种，颈后推举，如图4–3–10所示。

图 4–3–6　单腿蹬上台阶

（据《田径》，孙南，2016年）

图 4–3–7　负重弓步走

（据《田径》，孙南，2016年）

图 4-3-8　卧推

（据《田径》，孙南，2016年）

图 4-3-9　高翻

（据《田径》，孙南，2016年）

图4-3-10　颈后推举

（据《田径》，孙南，2016年）

（3）专项力量素质的训练方法

i.提高颈部、上臂和肩背力量的训练法

颈部练习：学习者应双手扶住自己的头部，然后左右来回转动自己的颈部，让在头部的手通过力量阻止颈部转动。

上臂与肩背练习：俯卧撑和引体向上都可以帮助学习者加强上臂和肩背的力量。其中，俯卧撑既可以是常规的俯卧撑练习，也可以是重叠俯卧撑练习。后者是前者的升级版，需要两名学习者之间的配合。一名学习者要维持一段时间的俯卧姿势，然后另一名学习者要在其背上进行俯卧撑练习，或者让两名学习者同步进行俯卧撑练习。

ii.提高腰腹力量的训练法

仰卧起坐、举腿、快速屈体等都是常见的可以训练腰腹力量的方式。除此之外，教师还可以安排学习者进行展腹跳练习。具体的练习内容为，先要求学习者爆发起跳，同时要充分展腹，并朝后方屈膝，学习者的双手应尽量碰到自己的脚后跟。

iii.提高全身力量的练习

第一种方法为四节挺举。开展该项练习的时候，教师应要求每一名足球学习者在完成每一环节的时候，都要用爆发性动作。

第二种方法为蹲跳顶球。这种训练法为要求足球学习者连续蹲跳中顶球，姿势应为半蹲。根据学习者的实际水平，该项练习可负重。

第三种方法为合理冲撞练习。安排两名足球运动员面向或侧向进行跳起冲撞练习。

2.速度素质训练

速度素质是在特定环境下，人在最短的时间内完成最快运动的一种身体能力，换言之，速度素质指的是人对不同刺激反应的快慢。为了保证足球学习者在赛场上可以充分发挥技术和战术水平，速度素质训练必不可少。

第一，反应速度：人体对各种信号刺激的快速应答能力。

第二，最大速度：整个身体或肢体所能够达到的最快移动。

第三，最佳速度：也称适宜速度，跳跃和投掷项目中受到控制的速度，或者竞走和跑的任何距离中的最佳平均速度。

第四，加速度：速度的变化率。

第五，速度耐力：随着疲劳水平的上升，继续表现出最大或适宜速度的能力。速度节奏根据项目的需要，对速度的时空能够进行合理调节的能力。

随着足球竞技发展得越来越快，速度素质在足球运动员身体素质中占据了重要地位。从这点来看，高校足球学习者应在日常训练中不断提高自身的快速反应能力。具体而言，在足球比赛中，球员的反应速度特征就是可以思考的时间短暂，同时思考与判断的局面又较为复杂。换言之，一旦球员在场上遇到未提前思考或准备的情形，那么球员基本都会利用自身各种视觉感受器来将不同的刺激接受在内，之后结合自己、本队球员技术与和战术的需要，在短短几秒的时间内完成复杂的思考与判断，第一时间采取相应的措施。

除了上述的反应速度，高校足球运动学习者还需要不断提高自身的位移速度。而位移速度涉及四大块内容，它将最大速度、最佳速度、加速度、速度耐力进行了有机结合并全面地表现出来。具体来说，位移速度的基本特征为足球运动员在比赛过程中，灵活变化自己的移动方向，同时移动的距离也不固定，就连移动的形式都不是唯一的。具体而言，球员在赛场上，一定依据对方来球的具体情况和本队球员的战术要求来完成移动。通常，进行5～10米的移动较为常见。除此之外，足球球员的移动形式也没有具体的规律可以遵循，如直线、曲线、折现等；同时还可以将不同形式灵活穿插在内，如快慢的变化，后退、侧跨的变化，或者各种跳跃的形式。

（1）速度素质训练的影响因素

影响速度的因素比较多，主要包括：遗传因素，神经传导过程的灵活性，反应时肌肉内部之间的协调能力，肌肉工作克服外部阻力的能力，动作实效性，意志力，肌肉类型，磷酸原系统供能能力，肌肉的放松能力。

（2）速度素质的训练方法与手段

速度素质训练主要包括两方面内容，一是反应速度的训练，二是移动速度的训练。涉及高校足球运动学习者面对来球时能做出什么反应，以及能否迅速移动至球跟前等。具体训练方法和手段内容如下。

i.反应速度

A.动作反应练习

规定多种练习动作，如蹲下、起立、跳起等动作，任意发出一个信号，学习者快速地做出应答反应；可原地进行练习，也可行进间进行练习。

B.各种预备姿势起跑练习

做各种起跑动作，如蹲踞式、半蹲式、站立式、背向站立、弓步站位、交叉腿站立等，听到信号迅速起跑，跑出10～20米。

C.各种动作接加速跑

足球运动学习者听到信号后完成蹲跳、立卧撑、前滚翻、侧手翻、滑步、变向等动作后迅速紧接加速跑，可加速跑10～20米。

D.追拍跑练习

两人一组慢跑，前后距离2～3米，运动学习者们听到信号做加速跑，后者追上前者用手部拍打前者肩部，30米以内追上则为胜利。

ii.移动速度

A.飞跑30

如图4-3-11所示，教师标出一段30米的加速区、一段30米的“最大速度区”和一段30米的控制减速区，高校足球运动学习者的移动速度练习可以照此进行。

图4-3-11　发展最大短跑速度的“飞跑30”练习

（据《田径》，孙南，2016年）

最大移动速度的训练应该在学习者出现疲劳之前进行，所以，在重复次数和组数之间的恢复时间应该足够长，以保证人体从疲劳状态中得到恢复。

在这个练习中，重点是发展磷酸原（ATP-CP）供能系统，在重复次数间应该恢复2～3分钟，在练习组间至少应该恢复5～8分钟，在一组练习中的重复次数不应该超过3次。

B.重复跑练习

练习一：（60～80～100～120米）×2组，次间间歇2分钟左右，组间休息3～5分钟，85%～90%的负荷强度。

练习二：（30～40～50～60米）×2组，次间间歇1～2分钟，组间休息3～5分钟，90%～100%的负荷强度。

在练习中，应要求跑动的幅度大、步频快。要确定适宜的休息间隔时间，使学习者的体能得到相对充分的恢复，以免训练强度下降。

C.速度力量练习

练习一：抓举6～8次×2组，负荷强度60%～80%。

练习二：挺举3～6次×2组，负荷强度70%～90%。

练习三：卧推6～8次×2组，负荷强度60%～80%。

练习四：直立快挺举10～15次×2组，负荷强度40%～60%。

练习五：负重提踵10～15次×2组，负荷强度40%～60%。

练习六：负重半蹲8～10次×2组，负荷强度60%～70%；4～6次×2组，负重强度80%～90%。

在这些力量练习中，要注意动作速度。

D.变速跑

练习一：50米（快跑+慢跑～快跑+慢跑～快跑+慢跑～快跑+慢跑）×2～4组，组间休息5分钟。

练习二：100米（快跑+慢跑～快跑+慢跑）×2～4组，组间休息5分钟。

练习三：60米快+100米慢～60米快+100米慢×2～4组，组间休息5分钟。

E.下坡跑坡度（5°～8°）

练习：30米斜坡接30米直道平跑，重复4～6组，组间休息3～5分钟。

3.高校足球运动学习者的耐力素质训练

（1）高校足球运动学习者耐力素质的分类与影响因素

i.训练学分类

a.一般耐力：机体多组织、多器官系统长时间工作的能力。良好的一般耐力有助于各种运动训练取得成功，也能为专项训练打下良好的基础。

b.专项耐力：机体长时间持续地或者多次重复地完成专项动作的能力。与专项运动成绩的提高有着直接关系——专项耐力取决于专项运动的特点。

ii.生理学分类

a.有氧耐力：机体在氧气供应比较充足的情况下，长时间运动的能力。有氧耐力训练的目的在于提高机体氧运输的能力，促进机体的新陈代谢，为机体承受更大负荷创造有利条件。有氧训练既能够加强循环和呼吸系统的功能，又能够提高肌肉利用氧的能力。可以采用持续跑或重复跑发展有氧耐力。一个项目的持续时间越长，有氧耐力就越重要。

b.无氧耐力：在氧气供应不足的情况下，机体能坚持较长时间工作的能力及机体克服乳酸的能力。无氧耐力是在机体长时间处于供氧不足的状态下进行的。无氧耐力的目的就是提高机体承受氧债的能力。

无氧耐力包括主要利用有氧和乳酸系统供能，但以乳酸系统为重点的速度耐力和在短跑、跨栏、投掷和跳跃中保持最高速度所需要的无氧耐力，还包括有氧与无氧的混合耐力。发展速度耐力，有助于运动员在酸性物质堆积的情况下保持跑速。无氧耐力主要利用磷酸原系统供能。有氧与无氧混合耐力是介于无氧供能和有氧供能之间的一种耐力，它的持续时间长于无氧耐力，短于有氧耐力，如1400米、400米栏、800米等项目。

在高校足球运动中，运动员的耐力素质主要表现为以下两种形式：进行适当强度的延续至整个比赛时间的有氧代谢运动；以最大强度进行，每次持续4～9秒钟的无氧代谢运动（如快速起动、冲刺跑等）。

（2）耐力素质的训练方法

耐力是人在一段时间内完成一定强度工作的能力，有时也被称为“持久力”。没有耐力，运动员就很难足够重复其他种类的训练，因此，任何项目都要充分重视耐力素质的训练。

i.影响耐力素质训练的因素

影响耐力素质训练的因素有很多，首先是生理学因素，其主要包括有氧耐力和无氧耐力。

a.有氧耐力主要体现在以下几个方面：能量供应水平、能量利用效率、骨骼肌的氧利用、神经系统的调节能力、氧运输系统的功能水平。

b.无氧耐力主要表现为以下几点：骨骼肌的糖无氧酵解能力、肌肉对酸性物质的缓冲能力、神经系统对酸性物质的耐受能力。

影响耐力训练的因素，除生理学因素外，主要还有机体能量储备能力和能量交换能力、有机体机能的稳定性、身体的协调能力和力量的分配能力等。

另外，学习者的个性心理特征，即顽强的意志品质和自觉性，在耐力训练中也起到了无比重要的作用。

ii.有氧耐力素质的训练方法

a.匀速持续跑：负荷量安排在1小时以上，负荷心率控制在150次/分钟，要求跑姿自然协调放松。

b.越野跑：可以保持负荷强度亦可变化负荷强度，负荷量安排在1.5～2小时。

这种训练方式是在自然环境中进行的，所以能够激起高校足球运动学习者的练习兴趣，同时延缓疲劳的出现。

c.变速跑：负荷强度从较小强度（心率130～145次/分钟）提高到较大

强度（心率170～180次/分钟）。负荷量要求在30分钟以上。

iii.无氧耐力素质的重要训练法

基本与短跑项目的训练法相似：涉及训练的基本要求，采取合理的训练范围，追求符合个人基本特征（步频和步长）的比例，选择最佳的训练法。

第一种训练法：超主项距离的重复跑。可以是完成10～15的150米跑，也可以是完成8～12的200米跑，还可以是6～8的300米跑。

第二种训练法：分段快跑。足球学习者可以进行组合性练习，先快速完成150米的快跑，然后进行放松式的大步跑，距离大概为50米，最后再完成100米左右的快跑练习。

第三种训练法：近主项距离的间歇跑。开展这种训练的时候，每组之间应有一定的时间间隔，通常在完成两个练习之后应该适当加大间隔时间。

a.100米（25%强度）×9次+100米（全速）。

b.100米（25%强度）×4次+100米（全速）两组。

c.150米（75%强度）×（8～10次）+150米（全速）。

d.150米（75%强度）×4次+150米（全速）两组。

第四种训练法：近主项距离的变速跑。

a.100米（75%强度）+100米慢×12次左右。

b.150米（75%强度）+150米慢×10次左右。

c.200米（75%强度）+100米慢×7次左右。

第五种训练法：组合跑。在进行组合跑的时候，可以选择递增跑也可以选择递减跑。前者一般从100米起步，从最短的50米逐渐增加到500米；后者一般从500米起步，以最短的50米逐渐减少，直到100米。

4.灵敏素质训练

灵敏素质是人在各种突然变化或复杂的条件下表现出来的具有快速、准确、协调特征的一种改变身体运动的能力。由此可见，在足球运动中，优秀的球员需要有出众的反应速度、观察力、判断力与协调性。与此同时，灵敏素质训练在足球运动中还表现为在行动完成时，球员可以积极正确地将自身不同部位和对方球员或足球之间在时间、节奏、力量和空间变化等方面的关系进行具体调节。

（1）灵敏素质的特点与训练原理

i.灵敏素质的主要特征

在足球运动中，灵敏素质的主要特征表现在两大方面：第一个方面是球员应该在非常短的时间内可以完成正确的观察与判断，同时在进行动作施展的时候，球员应正确、积极、科学、协调地处理自身与对方球员与足球之间的关系；第二个方面则是球员在客观条件较为艰巨的情形下，可以迅速完成如虚晃、快慢动作交替的过人等多种应答性动作。

ii.灵敏素质训练的重要原理

从生理角度来看，在足球运动中，灵敏素质训练的原理主要表现在三个方面：第一个方面是由于灵敏素质依赖于人体大脑皮层的灵活性，灵敏都是体育运动技能和身体素质的有机结合，是一种综合性反应，由此可见，灵敏素质训练对于提高球员的技术水平和能力相当重要；第二个方面正是因为迁移性是足球运动技能中非常显著的特征，所以高校足球学习者的灵敏水平自然与足球技能相挂钩，换言之，学习者所熟练掌握的技能越多，灵敏水平自然更高；第三个方面是基于灵敏的基本属性，视觉感官也在日常训练中占据重要位置，也就是说，在开展灵敏素质训练的过程中，应该把视觉信号作为重点，从而实现提高足球学习者神经系统的快速反应能力的目标。

（2）常见的灵敏素质训练法

下面具体介绍常见的五种基本的足球球员灵敏素质训练法。

第一种方法为前进或后退的交叉步练习。足球学习者需要在规定范围内进行前、后交叉加侧出步侧向移动练习。

第二种方法为不同类型的跑步练习。在进行灵敏素质练习中，转身跑、快速后退跑等都是可以充分利用的方法。

第三种方法为躲闪摸杆。这种方法需要教师先将球员划分为两组，一组为防守方，一组为进攻方。前者需要站在杆前，后者则通过各种灵活多变的虚晃动作，欺骗前者造成重心偏离，之后，进攻方超过防守方用手摸杆。

第四种方法为喊号追人。这种方法同样需要把训练者进行分组，人数不固定，分为两组坐在中圈里。此时，教师要喊出某一个号码，那么每个组的该号码的学习者就需要沿中圈快跑，两名学习者比速度，速度最快并最早回到原有位置的人胜出。

第五种方法为多种动作过障碍。教师需要在规定区域内安置几个障碍物，并要求足球学习者尽快完成跑、跳、爬、滚翻等多种动作的练习。

（3）专项灵敏素质的训练法

专项灵敏素质练习主要有如下三种高效的训练法。

第一种方法为带球跑。教师安排每一名足球学习者各执一球进行带球跑练习，在此过程中，学习者要完成各种拨挑、虚晃、起动、颠耍、回扣等动作。

第二种方法为全身颠球法。教师要求每一名足球学习者充分利用自身十二个部位开展颠球的练习。

第三种方法为虚晃摆脱。教师需要将足球学习者进行分组，每三人为一组，第一个人负责传球，第二个人负责盯防，第三个人则通过左右虚晃动作突然摆脱盯防者，或者通过前跑反向要球。第一个人距离第三人大概5米，第二个人应紧逼第三个人，练习一段时间之后，三名学习者要进行职能轮换。在这里要注意的是，负责接球的学习者应保证动作在各种突发情况和各种姿势的影响下不变形，换言之，足球运动员要在练习中注重控制力的培养。

5.柔韧素质训练

（1）柔韧素质的特点与训练原理

在开展高校足球运动教学中，了解柔韧素质的主要特征和训练的基本原理，可以帮助足球学习者更好地提高身体素质，下面进行具体展开。

i.柔韧素质的主要特征

在足球运动中，有一些特殊部位的伸展能力对足球学习者掌握各种足球战技术动作而言非常关键，如腰、膝、踝关节活动幅度，以及下肢肌肉和韧带。这是因为在激烈对抗的球场上面对自身与足球的活动状态皆不规则的情况下，足球运动员通常会出现大幅度，快速且爆发突然的动作，如倒地铲抢后的身体倾斜，或者运球过人时的身体晃动。

ii.柔韧素质训练的基本原理

为了提高自身的柔韧素质，足球学习者应该在中枢神经系统协调能力方面下功夫。具体来说，根据足球运动的诸多显著特征，腰、腹、腿、膝、踝关节都是重要的身体运动部位，而柔韧训练不仅能够起到积极改善关节的肌腱、肌肉和韧带的结构与弹性的作用，而且还能够达到增强自身中枢神经系统对肌肉“松”“紧”状态调节能力的目的。

（2）柔韧素质训练方法

柔韧性活动主要有两类：

①准备活动中的柔韧性练习；

②增加动作范围的柔韧性练习。

这些练习的主要目的在于，针对一个或一系列关节，制订并执行增加其动作范围的长期计划。这些练习可以是训练课整理活动的一部分，也可以是本身构成的一个单独柔韧性训练课。

i.准备活动中的柔韧性素质练习

高校足球运动学习者在准备活动中，使作用相反的肌肉群得到积极的练习，这将有利于在随后的训练或比赛中做出理想的表现。

通过这类积极、动态的准备活动，采用适宜的动员性练习（图4-3-12），就激活了这种运动所需的功能性柔韧性。

图 4-3-12　积极、动态的动员性练习

（据《田径》，孙南，2016年）

ii.增加动作范围的柔韧性素质练习

增加动作范围的柔韧性训练，要使所选择的被牵拉的肌肉或肌肉群放松，才能增加动作范围。这不仅保护了肌肉，而且也保护了参与专门肌肉群工作的一个或多个关节。

在柔韧性训练中，学习者应平稳呼吸且要增加呼吸深度，以促使肌肉放松、加快血液流动，动作要轻柔而缓慢。

提高柔韧性，每周应该有若干次适宜的柔韧性练习。柔韧性素质练习主要有两类牵拉练习，分别是主动牵拉和被动牵拉。

在主动牵拉中，学习者自己控制动作。这些练习通常是在“末端姿势”下以静力方式进行的，可用于整理活动，持续4～10秒即可。

图4-3-13、图4-3-14、图4-3-15都是主动牵拉练习的例子。

图 4-3-13　主动牵拉练习（一）

（据《田径》，孙南，2016年）

图 4-3-14　主动牵拉练习（二）

（据《田径》，孙南，2016年）

图 4-3-15　主动牵拉练习（三）

（据《田径》，孙南，2016年）

在被动牵拉中，由一位伙伴控制动作，学习者主动做出末端姿势，由同伴逐渐施加压力，这时学习者应该集中注意力于放松被牵拉的各个肌肉。只要能够在这种牵拉练习中技巧地控制牵拉过程，就能够有效地增加动作范围。

图4-3-16为被动牵拉练习的例子。

第一步，两脚前后开立，向左后转，向右后转，来回转腰。

第二步，站在一定高度上做体前屈，手触地面。

第三步，手扶一定高度体前屈压肩。

第四步，双人背向两手头上拉住，同时做弓箭步前拉。

第五步，头顶球、踢球和铲球等各种技术的模仿练习。

第六步，模仿内、外侧颠球动作，单、双腿连续做内翻和外翻动作，模仿内扣、外扣动作，单腿连续做内转、外转动作。

第七步，做脚前掌着地的各种方向和各种速度的行走练习。

第八步，用脚内侧、外侧、脚跟、脚尖进行走的练习。

第九步，跪在垫子上，利用体重前后移动压足背，也可将足尖部垫高，使足背悬空做下压动作，逐步增加练习时的难度。

如果在单独的柔韧性训练课中，采用主动静力牵拉的目的是增加动作范围，需要保持15～30秒。

图 4–3–16　被动牵拉练习

（据《田径》，孙南，2016年）

二、心理素质训练

（一）自信心、意志力和注意力的培养和训练

根据相关研究证明，表现出众的足球运动员不仅具有良好的身体素质，而且还拥有非常稳定的心理素质。具体而言，对于一名足球运动员来说，自身的智力水平、性格特征、日常练习与实际球场上的心理状态、心理调控能力、社会心理特征等都会直接影响到自身运动能力的发挥与提高。

1.自信心

自信是人类不断进步发展的重要“武器”。可以说，一名出色的足球运动员一定是充满自信的。由此可见，在进行足球运动的训练过程中，不断提升足球学习者的自信心是非常有必要的。

随着足球运动的飞速发展，高校足球运动也得以进步，并逐步展现出多变、复杂的一面。基于此，高校足球运动学习者需要在实际球场中将自己的自信心展现出来。从这点来看，学习者需要拥有一定的心理和生理的承受能力。并且在面对环境变化、社会多重因素的影响下，能够稳住心态，并且不让上述因素影响比赛的胜负。

2.意志力

意志力作为一种可以调节控制意识的活动，一直可以让人类节制自己的行为。根据相关研究表明，意志力具有以下四方面的基本特征：果断性、目的性、自制性和顽强性。

无论是在日常高校足球运动课程上，还是实际的比赛中，意志力在学习者身上体现为面对困难险阻，不畏惧，勇于挑战。

可以说，只有学习者具有果断的意志心才有可能圆满地完成日常训练和实际比赛任务。这一点在日常比赛中表现得较为突出，实际比赛场上的千变万化注定了胜负取决于学习者的心理状态，一旦学习者的内心被干扰，那么学习者就无法正确及时地做出行动抉择。

正是因为意志力的重要特征是顽强性，所以足球学习者应该具备勇于挑战的底气和顽强拼搏的意志品质。

除了顽强性之外，自制性也是足球学习者所需要拥有的优秀的意志品质。具体而言，学习者在球场上应该有较强的自制性，从而保证自己的行为不过多受到外界因素的影响，如场地环境、裁判的判罚、气候条件等。

3.注意力

注意力是人们开展一切实践活动的重要心理素质。特别是在变化莫测的足球比赛过程中，注意力可以帮助球员发挥自己的原有实力，甚至是潜能。注意力的重要特点包括以下四大方面：注意力的范围、注意力的分配、注意力的转移、注意力的稳定性。

一名具有实力的球员在球场上，不仅可以出色完成相应的足球技术动作，进行攻守默契配合，积极掌控全场的局势，而且还能够精准地分析出本队球员和对方球员的动作意图。

想要不断提高学习者的注意力，首先应该让学习者学习观察，这一点的具体含义为学习者一开始的注意力在足球上，之后逐步到球场上，即观察面的扩大。其次，学习者的注意力是有限的，在90分钟的比赛中，学习者应学习将自己的注意力合理分配在局面复杂的球场上，并进行有意识地引导，最后，学习者在比赛之前，都会出现不同程度的或紧张或兴奋的情绪，为了不影响发挥，学习者应学会使用正确的方式转移注意力。

（二）足球比赛的心理状态调控

1.临场前的心理准备

根据相关研究数据分析，对于运动员而言，临上场前的心理状态非常关键，甚至会直接影响运动员竞技水平的正常发挥。

具体来说，比赛之前的心理状态大抵分为激动、冷漠、紧张几种。只有达到最佳战斗状态才是所有运动员所应该做到的。另外，如果运动员出现如下三种情况，应该在赛前尽可能地调整：缺乏自信、过度冷漠和过度激动。

为了帮助学习者及时调节比赛前的心理状态，做好最佳的心理准备，教师可以从以下四点出发，进行心理状态的调控。

第一点是要明确比赛的任务和目标。在明确的目标面前，学习者的接受度更高，同时还可以起到进一步挖掘学习者潜力的作用。

第二点是增强学习者夺得比赛胜利的信心。自信心是开展所有体育竞技活动的基本前提，因此足球运动员更应该积极地树立信心，提前做好心理准备来面对可能遇到的各种不利条件。在适量的认知训练的帮助下，学习者可以较为科学合理地评估敌我双方的能力，从而促使学习者具有更好的心理状态来迎接比赛。

第三点是激发学习者出色的比赛动机。积极的前方可能是光明，而消极的前方可能是黑暗。因此，学习者需要具备很强的参赛积极性。那么，教师就需要在赛前准备过程中积极调动学习者的积极性。但是还应当注意其动机过于强烈或注意力过分集中，都会导致精神紧张，而影响技术水平的发挥。在这里要强调的是，足球运动学习者在具有一定积极性的同时，要控制住动机的强度与注意力的集中程度，不要因过度兴奋或过度集中，而出现不利于学习者实力发挥的心理状态。

第四点是分析状况。具体而言，需要将球场上动作、思维程序以及行为进行表象演示，掌握教师布置的战术要求，细致分析在球场上可能遇到的问题和解决方法。

2.比赛中的心理控制

在足球比赛过程中，无论是外部客观的环境因素，还是主观的意识因素，都会对学习者的心理稳定性造成决定性影响。由此可见，学习者想要通过努力获得比赛的胜利，一定在完整的90分钟内，及时调整自己的心理状态，使自己具有良好的心理稳定性。

在众多影响学习者情绪、情感的因素中，认知因素的影响最为深刻与直接。除此之外，影响情绪、情感的因素还有生理因素与刺激因素。下面从这两点出发，讲解比赛中的心理控制。

（1）生理因素的影响与调控

人类的情绪深受疲劳、伤病、内环境的平衡、植物性神经系统的机能水平、骨骼肌的紧张度的影响。为了进一步控制生理内部的刺激压力，开展心理调节手段是行之有效的。

（2）刺激因素的影响与调控

在足球比赛中，很多客观条件都会直接或间接地在感官器官的作用下刺激球员，造成球员的情绪波动。常见的比赛客观条件如气候条件、观众、场地环境等。通过相关研究表明，只有尽可能地减少球员对外界刺激的感受性，球员才可在球场上将注意力多用在足球的技术和战术方面，从而起到提高球员比赛过程中心理稳定性的作用。

3.赛后的心理调整

一旦学习者赛后出现一些消极的心理，就会直接影响之后一系列的训练效果或比赛。因此，教师需要针对学习者在比赛结束后所产生的一些积极或是消极的心理活动进行及时积极地调整，帮助学习者分析比赛过后的心理状态。如果发现学习者的赛后心理状态为消极，则应该将这种消极转化为积极。教师最好安排一些赛后的积极性休息，经常针对学习者截然不同的心理状态进行心理咨询，促使每一名参加比赛的学习者可以正确地摆正自己的态度，并且认真细致地分析上一场比赛的胜负原因，从而收获更多的经验教训。

（三）训练心理素质的主要方式

1.集中注意力训练

开展集中注意力训练的目的是让学习者能够更好地约束自己，让自己在一个具体的任务和目标面前可以全神贯注，同时避免因其他杂念而导致注意力的丧失。

具体而言，注意力集中的能力主要涉及四大块内容：意愿的强度和延续性，以及注意力的集中强度与集中的延续。下面进行集中注意力训练的详细介绍。

①培养与提高学习者集中注意力的水平与能力，可选择视觉、听觉守点的练习。

②足球运动心理过程中把感觉专注于某一点，同时达到了忘我的地步，便于培养日常足球运动的练习。

③教师可以通过各种提示语或是警示语来达到锻炼学习者时刻将注意力集中的好习惯。

④在开展各种足球训练过程中，教师需要帮助学习者学会排除心理干扰因素带来的消极影响，尽可能减少情绪波动的出现。

2.自我暗示训练

这种训练法旨在利用科学合理的自我暗示、自我诱导、自我放松进行心理训练。自我暗示主要凭借意念和语言控制与约束自身的行为，从而达到情绪调节，排除消极心理影响，增强意志力，提高自信心的目的。

3.放松练习

这种训练利用学习者自己的呼吸和意念的控制，帮助放松肌肉。从实际效果来看，放松练习具有“外松内静”的作用。具体而言，放松练习，可以促使肌肉得到充分的放松，尽可能减少大脑皮层的兴奋度，甚至避免消极情绪的出现。

第四节　高校足球运动教学与训练的营养与卫生保健

一、足球运动体能训练前的准备活动与合理营养

竞技体育对运动员体力和体能等方面的要求越来越高。缺乏科学指导的训练和没有营养学辅助的单纯的“苦练”已经无法保证运动员在竞赛中取胜。营养学恢复手段和保健品的合理使用能够使运动员的机体更加适应高强度的训练和竞争激烈的比赛，并在训练和比赛中保持良好的状态。

（一）足球运动体能训练前的准备活动概述

1.准备活动

准备活动是对即将进行的体能训练做好身体机能准备。

在足球运动体能训练之前，做好充分的准备活动，可以减少训练损伤，保持训练热情。

在日常的足球运动体能训练中，因准备活动不足而发生的训练损伤时常发生。有一部分是由保护措施不当造成的，但绝大部分是由准备活动不足产生的。

2.足球体能训练前的准备活动

（1）体能状态的基础

体能状态的基础是体力、耐力、速度、柔韧性和协调性。根据相关资料证明，心血管疾病与人类的耐力有一定的关联，具体来说，拥有一定耐力的人患心血管疾病的概念更低。

通过一系列的科学研究，无论是出众的肌力，还是优秀的柔韧性，它们都拥有非常重要的预防价值。站在体育活动的角度，优秀的柔韧性具有预防运动损伤的作用。反之，缺乏柔韧性则容易造成韧带系统和支撑系统出现伤病。肌力也是如此，如果足球运动学习者的肌力不足，则容易导致腰部、背部疼痛的出现。

在上述五种基本体能状态中，协调性的存在感相对较弱。事实上，协调性会伴随人的年龄增长，而出现老化与减退，从而直接影响生活质量，如弯腰困难、反应能力减退等。

（2）训练前的体能检查

无论是健康的人，还是大病初愈的人，为了安全，都应该及时进行体能的自我评测。尤其是在进行具体的足球训练之前，一定要全面了解与掌握自身现在的体能状态，避免运动损伤的出现。

（3）初练者的基本健康状况检测

初练者应该针对的自身的基本健康状况进行检测需要及时开展体能训练。

①不同素质的检测。耐力检测项目为步行检测；体力检测项目为屈体；柔韧性检测项目为肩膀柔韧性检测；协调性检测项目为单腿闭眼站立。

②检测准备。若身体健康，精力充沛，则可以进行运动负荷检测。在

运动检测前，应及时全面地做好准备活动和热身活动。除此之外，在不同检测的间隙需要合理设置休息的时间。在这里要提醒的是，受测者应控制好负荷脉搏，负荷脉搏：180–年龄。

（二）合理营养的作用

对于足球运动员来说，充足的营养是减缓身体疲劳的产生以及降低运动疲劳程度的重要保证。换言之，足球运动员日常训练后的恢复和比赛后的恢复都离不开合理的营养支持。

事实上，提高集体的代谢能力是运动能力恢复的重要目的和意义，而这里的代谢能力指的是肌、肝糖原的储备，关键酶的浓度，即维生素和微量元素的补充，内环境的稳定等。只有合理的营养才可以达到促使上述和代谢密切相关的因素可以得到进一步的恢复。

合理营养对于足球运动员的作用既包括提供一定的能量，又包括了让身体内的营养物质可以被充分地利用。即便合理营养无法取代训练，但是如果科学高效的训练方式能够与营养因素进行有机的结合，那么就一定可以起到提高足球运动员运动能力的作用。

除此之外，即便丰富的营养供应也无法确保运动员可在球场上将自己最好的竞技水平发挥出来，但也足以成为激发和提高足球达到最高运动水平的巨大潜能。在足球比赛过程中，所有运动员的机体都处于一种生理紧张的状态，运动员的体内在激烈的比赛过程中也在发生众多莫测的变化，如能量物质消耗、酸性代谢物质堆积等。基于此，越是紧张激烈的比赛，运动员机体对不同类型的营养物质的需求量会迅速上升，从这个角度来看，通过补充而获得的营养也得到了充分的使用。

（三）合理营养的三大基本要求

1.热量的平衡

人生活在大自然中，始终在和外部环境进行不间断的物质与能量交换，这种活动都要进行消耗热量，而消耗的热能基本都是依赖于人类摄食中的碳水化合物、脂肪和蛋白质。由于足球运动员比常人的运动量大，热量消耗大，因此需要更多的热量来保持体力。换言之，足球运动员在进行长时间的训练和比赛过后，应该及时摄入与所消耗的热能相一致的热量。

2.丰富的维生素、无机盐与微量元素

另外，运动时大量出汗，加速水溶性维生素从汗液中排出，尤其是维

生素E。无机盐在体内不能生成，也不能消失，各种无机盐在人体代谢过程中都有一定量随着各种途径排泄到体外。因此，维生素、无机盐、微量元素必须通过膳食补充。

在人类日常所需的营养物中，维生素、无机盐和微量元素这三种较为特殊。它们无法通过人类的机能来生成。因此，足球运动员在日常训练和比赛过程中，组织代谢会变强，组织更新也会加快，而维生素的利用率增加得更为明显，也就是说，足球运动员在剧烈运动后需要及时补充大量的维生素。

3.恰当摄入热能

一般来说，足球运动员的膳食种类，蛋白质、脂肪和碳水化合物的比例理应根据重量比计算，1∶0.8∶4是最为合适的选择。

二、足球运动的损伤与防治

如今，现代足球运动对人民的影响力越来越大，而人们也热衷于加入足球运动的热潮，这也在一定程度上造成运动损伤的情况越发严重。由于足球对抗性的加强，运动员之间身体的碰撞也多了起来，一不小心就容易导致身体出现损伤。为了尽可能减少运动员出现损伤，下面将具体介绍正确处理损伤的主要方法，以及怎样降低运动损伤的发生概率。

（一）常见的运动损伤和原因

在训练或比赛中，一种名为运动损伤的专业术语经常出现在运动员身上。它的具体含义是发生在运动员身体的各种伤害。运动损伤不仅会造成运动员无法参加正常的比赛与训练，而且还容易迅速缩短运动员的运动寿命，更严重者，会断送运动生涯或留下残疾。

根据相关数据显示，如今足球项目的运动损伤情况的上升趋势格外明显。因此，防治运动损伤迫在眉睫。

1.损伤的种类和部位

足球运动的损伤发生率非常之高，而且多数为外伤，如拉伤、擦伤、骨折、关节脱位。造成上述损伤出现的原因，多数为跌倒、急停急转、冲撞等。

其中，约86%的损伤出现在四肢部位。根据发生概率进行排序，第一为踝关节扭伤，第二为大腿前后肌肉拉伤和挫伤，第三为膝关节损伤。

2.损伤的主要缘由

虽然发生损伤的原因有很多种，排除训练方面的因素之外，场地设施、运动员的职业保护意识和保护器具等因素也会有造成损伤的可能。

具体来说，在进行日常训练的过程中，如果运动员没有主动做好护具准备，或忽视了热身运动和准备活动，在训练中出现轻微磕碰就引发负面情绪，形成不良习惯，同时在正规球赛上也基本无法承受因剧烈的肢体碰撞而出现的重伤。

与此同时，结合我国青少年足球运动员的培养情况，鉴于早期客观条件不充分，训练方式没有针对性、欠妥当，经常导致青少年足球运动员出现潜伏的慢性损伤。

事实上，在进行足球运动这种对抗非常激烈的运动项目的过程中，运动员经常会出现损伤。首先，运动员在出现损伤时，应稳定情绪，及时进行初步急救处理。如果紧急处理得当，既能够提高运动员损伤部位的治愈速度，又可以降低并发症发生的可能。反之，情况稍好者会加重病情，不利于后续治疗，情况较差者则容易导致残废。由此可见，无论是教师，还是足球运动学习者都需要了解常见的运动损伤的处理手段。

（二）运动中腹痛

运动中腹痛多指运动员在日常训练或实际比赛的过程中，因为生理或病理等原因，而造成的腹部疼痛症状。膈肌痉挛、肝脾淤血和胃肠痉挛等导致的腹痛发生的频率较高。

1.发病原理

根据腹痛情况的不同，发病原理也不一样。以下几种可基本概括运动中腹痛的发病原理。

①呼吸痉挛或活动紊乱。原因多为在运动时，运动员的呼吸肌收缩上不协调，或呼吸肌缺钾，造成紧张与疲乏。

②胃肠道痉挛或功能紊乱。原因多为运动员在训练时，胃肠道缺血、缺氧或者在其血液流动方面不通畅。

③肝、脾淤血肿胀。一旦运动员没有做好准备活动，同时又加大了训练的强度与速度，这样极易造成心脏搏动不够充分，甚至无力，极大程度影响到心脏内血液的排空和静脉血的回流，导致肝、脾静脉血液回流受阻。

2.具体征象

表4-4-1为不同发病原理的症状表。从表4-4-1中可知，发病原理的不同所引发的腹痛症状自然有所差异。

表4-4-1　不同发病原理的症状表

发病原理	症状
呼吸痉挛或活动紊乱	以肋部和下胸部为多的锐痛
胃肠道痉挛或功能紊乱	肚脐周围的钝痛、胀痛或绞痛
肝脾淤血肿胀	左腹部的钝痛、胀痛或牵扯性痛

3.处理

一旦运动员在运动的时候，出现腹痛的情况，需要立即处理，但是应结合具体情况，选择不同的处理方式。

首先，运动员出现腹痛的时候，应该持谨慎认真的态度，一定要了解腹痛的具体部位，之后结合腹痛的位置以及运动强度，然后再判断引起腹痛的原因，是和运动相关的生理原因，还是和疾病相关的。

通常，如果运动员出现腹痛的情况，需要降低运动强度，把速度慢慢降下来，然后积极主动地调节呼吸和动作，适当放慢运动节奏。运动员可以先用手按压疼痛部位。如果疼痛没有减轻的话，则应该立即停止运动，并让校医对其进行细致检查。一旦发现是由疾病引起的话，需要迅速治疗，以免耽误病情。

（三）肌肉痉挛

肌肉痉挛，俗称抽筋，其含义为肌肉发生不自主的收缩反应。在日常练习和比赛过程中，小腿腓肠肌和大腿后群肌肉的痉挛现象较为频繁。

一旦肌肉发生痉挛，则会出现僵硬、肿胀、剧烈疼痛。除此之外，运动员身体素质也会因肌肉痉挛而产生影响。它不仅会降低运动能力，而且还会降低柔韧性。另外，运动员的部分关节的功能同样会深受肌肉痉挛的影响，造成运动阻碍。

通常，为了减轻或消除肌肉痉挛，运动员可以朝反方向牵引痉挛的肌肉。在这里需要提醒的是，运动员在牵引肌肉时一定要放缓，并用力牵引，因为如果用力过猛，则可能导致肌肉拉伤，适得其反。

除此之外，一旦痉挛现象出现在大腿后群肌肉、小腿腓肠肌位置，运动员可以先把自己的膝关节伸直，然后尽可能把踝关节背伸，并把已经痉挛的肌肉拉长。完成该步骤后，运动员的痉挛症状可以在一定程度上得到缓解。同时，为了更好地缓解病症，运动员还能够采用局部按压或揉捏等方式。

（四）运动性中暑

1.运动性中暑的发病原理和征象

表4–4–2为运动性中暑的发病原理和征象表。在足球运动中，运动员经常会因高强度训练、运动而造成热量过多，从而超出身体的散热能力，甚至产生高热的状态，这就是所谓的运动性中暑。

一般来说，运动性中暑多发在夏季，这是因为在炎热的天气运动更容易造成运动性中暑。事实上，运动性中暑还可细分为热射病、日射病和循环衰竭三种类型，不同类型有不同的发病原理和征象。

表4–4–2　运动性中暑的发病原理和征象表

中暑类型	发病原理	征象
热射病	天气温度和湿度较高且空气不流通 体内产热较多 热量在体内大量积累 水、盐代谢出现紊乱	轻者全身无力，体温会有所升高 重者虚脱、呼吸困难，甚至呕吐昏迷
日射病	阳光直接照射头部引起的机体强烈的反应	头昏眼花、剧烈头痛等
循环衰竭	运动失水过多 血容量减少 心脏功能和血管舒张调节不适	皮肤冷温、脉搏细弱、面色苍白、精神恍惚等

2.处理

如果运动员出现中暑症状，则需要立刻处理，以免耽误病情。第一步，降温，需要把中暑的运动员移动到通风通气的场所，平卧放置，微微垫高运动员的头部，条件允许的话，可以选择温水或者酒精擦身。

在这里需要提醒的是，如果运动员的中暑症状较为严重，应立刻让运动员服用解暑药物。一旦运动员病情严重到昏迷不醒，则应该迅速采取如刺激人中穴，对四肢进行推摩和揉捏等急救措施，或直接将运动员送往医院。

三、高校足球运动伤病疲劳的预防与消除

（一）高校足球运动损伤的预防与处理

1.高校足球运动损伤的预防

在开展训练的过程中，足球运动学习者的运动损伤时常有。虽然导致运动损伤的原因有很多，但大部分是学习者没有掌握安全训练知识，以及缺乏自我保护意识。即便如今医学发展到了很高的程度，但在运动损伤治疗方面，如治疗效果和方法还未达到可以痊愈的地步，有时还会出现后遗症。

为了尽可能阻止出现预防运动性损伤，应该从以下几个方面提高足球运动学习者对运动损伤的预防意识。

（1）提高对运动损伤的防范意识

提高足球运动学习者对运动损伤的防范意识，既能够从思想层面增强他们对运动损伤预防重视，又促使他们详细了解运动损伤的原理，还可以具体学习运动损伤的预防知识与处理方式。

（2）增强自我保护意识

①积极学习自我保护方法，从而避免运动中意外事故与技术损伤的发生。

②主动学习如何及时处理运动后肌肉酸痛、关节不适等常见症状的措施。

③第一时间发现引发运动损伤的隐患，并积极处理。

（3）合理有效地安排准备活动

①结合实际训练的内容，合理安排准备活动的内容。

②结合学习者的身体素质、气候条件、训练内容，来安排活动的量。

③通常，准备活动结束与正式运动之间的时间为3分钟即可。

（4）调节控制好身体机能

在进行训练和运动之前，学习者需要积极主动地做准备活动，完成训练之后，同样需要做好放松运动。

（5）运动量安排适当

①安排运动量应结合学习者自己的健康状况与运动技术水平。

②充分使用不同形式的身体锻炼法，从而达到提高综合身体素质，避免局部肌肉形成过度疲劳。

（6）掌握科学训练法

在进行日常训练的时候，需要格外注重运动训练的全面性、渐进性、个别性、经常性、意识性。

（7）提高医务人员的专业知识水平

将高校医务人员的专业知识水平的提高作为重要的教学环节。具体而言，高校应科学合理地配置治疗设备，如此一来，医务处则可以在第一时间应对学习者的运动损伤，不仅可以及时发现学习者的身体问题，而且还可以积极解决，从而避免学习者带伤参加训练与比赛。

（8）严格执行保护规定

无论是在训练中，还是实际比赛中，都应该严格执行保护学习者身体健康的相关规定，尤其是球袜、护腿板、护踝带等护具的佩戴，最好穿高质量的足球鞋等。

（9）严格遵守个人准则

足球运动学习者需要严格遵守个人生活学生准则，绝不能出现不良嗜好。

（10）赛前心理调控及合理营养搭配

为了尽可能避免运动损伤的发生，教师应该做好足球运动学习者的赛前心理调控与合理的营养搭配。

2.高校足球运动损伤的处理

（1）水泡

作为一种常见的运动损伤，水泡通常都是由长时间的运动摩擦而造成球员脚部皮肤表面出现的小范围组织液渗出。出现水泡的原因无外乎以下几种：缺乏锻炼、脚和球鞋不合适、运动鞋内部不平整、袜子的材质差。

对待水泡的主要原则应以避免感染为主，绝对不能直接将出现水泡的表皮撕掉。正确的做法应该是通过消毒针，用其刺穿水泡，将积液从皮肤中挤出来。之后需要耐心等待，直到患处自然干燥，在此期间，一定不要再出现新的摩擦刺激。

（2）擦伤

擦伤和水泡在足球运动中都是较为常见的。擦伤是由肌体表面与粗糙的物体相互摩擦而造成的一种皮肤表层的损害。事实上，擦伤是一种程度较轻的外伤，具体病状为表皮剥脱，同时有小出血点与组织液渗出。

由于擦伤的病症较轻，受伤者可通过生理盐水或其他药水冲洗伤部，将红（紫）药水轻轻涂抹在伤口上，通常7天左右就可痊愈。

如果擦伤出现在面部，则应该涂抹0.1%新洁尔灭溶液。如果害怕伤口污染，可以采用酒精在伤口周围消毒，先使用生理盐水棉球刷洗伤口，消除异物，再撒上云南白药，一般来说，15天左右可以痊愈。

（3）肌肉拉伤

肌肉拉伤指的是，球员的肌肉因为受到强烈牵拉，而出现了肌肉微细损伤、部分撕裂或完全断裂的情况。对于足球运动员来说，大腿后群肌肉和小腿后群肌肉是容易出现拉伤的位置。其基本病症为局部疼痛、肿胀、肌肉发硬、痉挛、功能障碍。

一旦球员出现肌肉断裂的情况，受伤时大部分会有强烈的撕裂感，之后会失去控制相应关节的能力。医生可在断裂处摸到凹陷，在凹陷附近可摸到异常隆起的肌肉断端。

面对肌肉拉伤，需要立即进行冷敷，采用冰块或制冷喷剂来进行，之后加压包扎，同时把球员的肢体抬高，放在受伤肌肉松弛处，从而起到减轻疼痛的作用。

在这里要注意的是，针刺疗法对于肌纤维轻度拉伤及肌肉痉挛者来说非常有帮助。肌肉、肌腔部分或完全断裂者需要在局部加压包扎，固定患肢后，马上送医院诊治，必要时还要接受手术治疗。通常拉伤2天之后才可以进行轻度按摩。

（4）膝关节韧带损伤

在膝关节韧带中，发生最为频繁的损伤便是膝关节内、外侧副韧带损伤。

内侧副韧带的损伤机制与膝外翻有关，在足球运动中，进行运球转身技术动作时，因中枢脚及小腿固定，大腿随躯干突然内收内旋，在膝关节处形成了一个扭转力，或来自膝外侧的一个向内侧的冲撞力所致。外侧副韧带损伤发病率远比内侧副韧带损伤低，其受伤机制与膝内翻有关，内侧副韧带不完全断裂后临床上常表现为膝内侧短暂剧痛，韧带受伤局部有明显的压痛点，常伴有半腿肌、半膜肌痉挛。

如果球员的损伤程度轻，则只需进行局部的外敷伤药，内服消肿止痛药即可。在肿痛减轻后，再进行针灸、按摩、理疗等。

一些韧带撕裂的患者，早期局部冷敷，加压包扎，抬高患肢，固定膝部，内服止痛药，在48小时后可以进行按摩、理疗、外敷或者内服中药。如果患者的韧带完全断裂，那么一旦确诊，就应尽早手术缝合。手术后要积极进行功能性锻炼。

（5）踝关节扭伤

踝关节扭伤在足球运动中非常常见，轻度的踝关节扭伤大多是出现韧带损伤，严重的会伴随有踝关节的骨折。足球运动中，造成踝关节扭伤的原因有很多，例如在争顶头球时球员落地姿势不正确，或落地时地面不平而导致踝关节内翻或者外翻。主要症状为伤处疼痛、肿胀，韧带损伤处有明显压痛和皮下淤血。

发生踝关节扭伤后应立即用冷水冲洗或冷敷，用绷带固定包扎，并将患肢抬高，24小时内不得按摩、热敷等，24小时后根据伤情进行外敷药、理疗、按摩等治疗。

（6）关节脱位

关节脱位就是在骨连接处关节与关节之间失去了正常的连接。在足球运动中，意外摔倒、两人激烈的碰撞等都会引起运动员的关节脱位，并且在关节脱位的同时还会伴有一定的关节囊撕裂，关节周围的软组织破裂等损伤。关节脱位后，受伤关节出现疼痛，有压痛和肿胀，关节功能丧失，受伤的关节丧失活动能力，并出现畸形，还会发生关节内的血肿。如果复位不及时，血肿会机化而发生关节粘连，增加关节复位的困难。

应马上用夹板和绷带在脱位所形成的姿势下固定伤肢，尽快送医院治疗。肩关节脱位时，取下角巾两条，分别折成宽带，一条悬挂前臂，另一条绕过伤肢上臂，于肩侧腋下缚结。肘关节脱位时，用铁丝夹板，弯成合适的角度，置于肘后，用绷带缠稳，再用小悬臂带挂起前臂，也可直接用大悬臂带包扎固定。

（7）骨折

在足球运动训练中，由于激烈的身体对抗，加上足球运动防守通常会有腿与腿的碰撞，这就使得足球运动中腿部骨折的损伤非常常见。骨折发生后的症状一般都比较严重，主要表现为局部疼痛、肿胀、皮下淤血、功能丧失、出现畸形及假关节的异常活动，并有明显的压痛和阵痛等。程度较轻的骨折大多无全身症状，但严重的骨折常常伴有出血和神经损伤，因而容易发生休克、发热、口渴等全身症状。

在发生骨折损伤后，最好先不要移动伤肢，待固定好后才能移动。这样可以限制骨折断端的活动，减轻伤员的痛苦和伤情。对大腿、小腿和脊柱骨折应就地固定。

如果出现开放性的骨折损伤，应首先对伤员进行止血，通常可采用止血带法和压迫法。用消毒巾或者纱布包扎后，及时送医院治疗。对已暴露在伤口外的骨折断端不要放回伤口内，以免引起感染，也不可任意去除。

当运动员发生骨折后，出现休克和大出血等危及生命的并发症时，应立即抢救休克和止血，给予伤员较强的止痛药物，平卧保暖，针刺人中穴等，这时可以采取简要的止休克措施。

在固定好伤肢后，还要给其保暖，并检查固定是否牢靠。四肢固定时要观察肢端是否麻木、发冷、疼痛、苍白或者青紫，如出现这些情况则说明包扎过紧，需要放松一些。

（二）高校足球运动疲劳的产生与消除

1.高校足球运动疲劳产生的原因

造成机体运动疲劳的原因多种多样，如因为肌肉的运动，所以代谢产物形成堆积造成疲劳；因为运动中机体内的能量过多的消耗，导致能源物质流失量过大而造成疲劳。

（1）机体的能量消耗

运动中的能量耗竭是运动员体内能源物质大量消耗而无法得到及时补充，在短时间、大强度运动中，二磷酸腺苷（ATP）和磷酸肌酸（CP）明显下降。在中等强度、长时间足球运动中，体内糖原消耗大，血糖含量下降是主要原因。

（2）运动能力和身体素质的变化

无论是运动能力，还是身体素质，都会深受身体所有器官、系统功能的制约和束缚。由于身体素质综合反映出人体不同器官、系统的功能在肌肉工作中的状态。一旦器官功能下降，人体的运动能力和身体素质也会下降。

（3）代谢产物的堆积

运动后会产生很多代谢产物，而乳酸才是对人体运动能力影响最大的物质。如果人体的体内出现大量堆积代谢产物，则无法及时消除处理，这将直接导致人体代谢异常，造成运动能力下降。

（4）精神意志因素

通常，足球运动学习者的身体疲劳会有极限，此时，学习者容易产生主观上的疲劳感。可以说这种疲劳感就是机体所表现出来的主观疲劳信号。在足球运动过程中，由于神经系统是人体所有器官和系统活动的“领导者”，当神经细胞抑制的时候，学习者的疲劳感也会越加强烈。其实，当学习者感受到疲倦的时候，人体的机体还具有很多未发掘的潜力，同时，能源物质也还没有用尽。因此，只要学习者可以让自己始终有一个积极的情绪意志，那么学习者还可以在球场中爆发出自己想不到的机体运动潜能，从而避免运动疲劳过早发生。

2.高校足球运动疲劳的分类

（1）结合疲劳发生性质的划分类别

①生理性疲劳，而产生生理性疲劳的基本表现为肌力下降、肌肉酸痛、肌肉和关节僵硬等。

②心理性疲劳，一旦学习者出现注意力不集中、记忆力障碍、动作迟缓、失眠等情况，教师就需要注意，学习者是否出现了心理性疲劳。

③病理性疲劳，这种属于疲劳中严重的情况，就是过度疲劳。病理性疲劳将导致人体的机体出现身体机能及神经功能调节紊乱，甚至造成人体的器官组织发生改变。

（2）结合疲劳发生的生理学和心理学特点的划分类别

①脑力性疲劳，多指人体机体出现暂时性的大脑思维工作能力下降。

②感觉性疲劳，多指人体的分析器官高度紧张，导致能量消耗过大，身体机体的所有感觉机能暂时降低。

③情绪性疲劳，多指由于精神和体力负担重、思想压力大，情绪高昂激动而能量消耗加大，造成人体机体情绪暂时处于低落。

3.高校足球运动疲劳的消除

（1）改善代谢法

这种方式是最为常见的缓解和消除高校足球运动疲劳的方法，其可以科学有效地帮助足球运动学习者将在训练运动中造成的肌肉疲劳予以恢复。它充分使用整理活动、温水浴和按摩等方式对处于紧张疲劳状态的肌肉予以放松，从而达到改善肌肉血液循环的目的，最终实现高效促进学习者体内通过运动产生的代谢物更快地排出的目标。

i.整理活动

作为消除运动疲劳最为简便的和最具效果的方式，整理活动通常在训练完成后开展。以肌肉、韧带的拉伸练习为例，此法旨在缓解学习者因过度运动而造成的肌肉酸痛和僵硬，帮助足球运动学习者进一步清除肌肉中的乳酸。

ii.温水浴

温水浴对水温的要求较高，通常以40度左右为宜，10分钟即可。在这里要注意的是，进行温水浴练习一定不要时间过长，避免疲劳加重。

iii.按摩

作为运动中消除疲劳的常见方式，按摩能够达到放松肌肉，改善局部血液循环，提高关节活动度，帮助代谢产物排出的作用。

（2）神经系统调节法

利用中枢神经系统的调节作用，达到降低机体交感神经兴奋性的目的，实现提高迷走神经兴奋性的作用，最终完成加强机体的合成代谢功能的任务，促使机体快速恢复。

i.睡眠

对于学习者来说，最直接、最有效、最经济的消除疲劳的方法正是充足、高质的睡眠。分析其原理，由于人在睡眠的过程中，大脑皮层的兴奋性会降到最低，此时机体的合成代谢最旺盛，这对于蓄积体内能量是非常有益的。

ii.放松练习

充分利用诱导性的语言，帮助足球运动学习者通过意念来调动肢体。充分使用对高级中枢的暗示，让学习者的肌肉得到放松，从而实现改善呼吸和循环系统的作用，促使学习者的机体疲劳得到消除。

第五章 高校足球运动教学与训练的科学评价

经过前文的具体论述，相信读者已经对高校足球运动教学与训练有了深入的了解与认知。扎实的足球运动相关知识帮助学生真正接触这门富有激情的运动；科学的基本理论支持高校足球运动教学实践的高效开展；贴近学生且符合教学要求的教学设计，有利于教师建立现代化足球运动教学形式并积极运用；注重理论与实践相结合的足球运动训练研究，便于教师教授，学生掌握技术、战术、心理素质训练以及营养学等重要知识。在完成上述核心内容的阐述后，本章将对高校足球运动教学与训练进行一系列科学评价，主要包括技术评价、身体素质评价及自我评价。该部分对于提高学生的足球运动实力来说是至关重要的内容。

第一节 高校足球运动教学与训练的技术评价

在足球运动中，真正决定比赛胜负的并非能力过人的球星，而是整支球队在全场比赛中的战术运用。为确保足球战术的有效开展，足球技术的熟练使用又是重点。具体来说，如果球队想要在比赛中胜出，唯有成功运用足球战术，而这又主要依赖于足球技术运用的合理度、熟练程度，以及精准性等一系列内容。

本节将从足球运动员和守门员的基本技术评价出发，详细论述足球运动员综合技能的科学评价。只有熟练掌握该部分内容，才能对自身在足球运动上的不足，包括技术层面和综合技能层面，确保突出重点和针对性。

一、足球运动员基本技术评价

通常，足球技术可被划分为有球技术和无球技术两类，而这种划分依据正是运动员在足球比赛中是否有效结合足球基本技术来开展运动实践。其中有球技术是足球运动通过动作来完成待定目的的方式过程。下面对足球运动者基本技术评价进行具体论述。

（一）足球传球与技术评价

1.吊圈传准（脚背内侧）

（1）评价目的

重点测试和评价受评者的传球准确性。

（2）场地和器材的要求

器材：一个足球。场地：一块足球场地，图5-1-1为吊圈传球的测评场地，包括半径为2.5米的内圆和半径为4米的外圆。

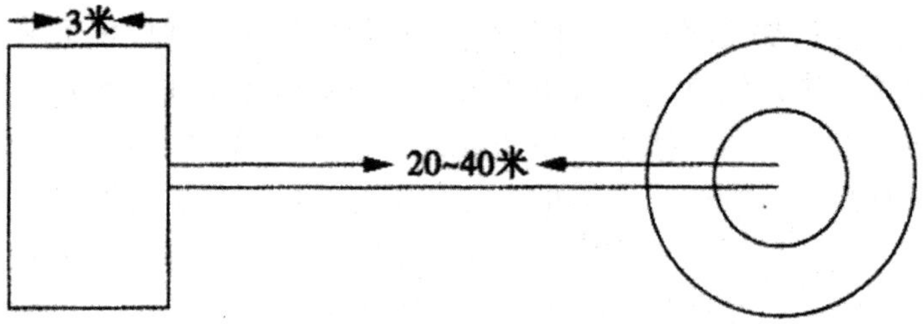

图 5-1-1　吊圈传准示意图

（据《现代高校足球运动理论与技战术技巧研究》，车岳峰，2018年）

（3）测评的主要方式

受评者应将器材，即足球放在第一条线上面，将球拨向传转球的区域里面，然后迅速上前，用脚背的内侧将球踢出。

评分标准为每人踢5脚，进球第一落点在小圈得2分，在大圈得1分，未传到圈不得分，满分为10分。

2.三角形地的滚球传准与测评

（1）测评的主要目的

为了准确判定受评者传接地滚球的实际能力。

（2）场地与器材要求

器材：足球。测评场地：三个测试区域，分为*A*区、*B*区和*C*区，而这三个区域是三个直径为5米的圆圈组合而成的。图5-1-2为三角形滚球传准示意图。在这里要强调的是，相邻2个圆圈区域的中心距离为17米，而整个场地的三条边则构成了一个等边三角形（图5-1-2）。

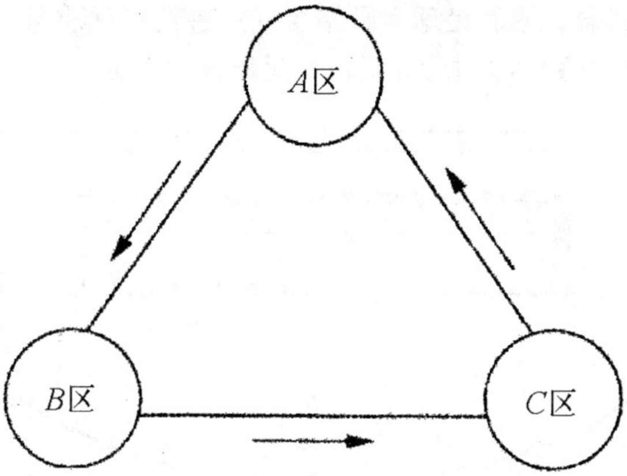

图 5-1-2　三角形地滚球传准示意图

（据《现代高校足球运动理论与技战术技巧研究》，车岳峰，2018年）

（3）测评的具体方式

首先把即将接受评定的运动员分为三个组，每组只有一名受评者。其次让来自不同组的三名足球运动员依次站在A区、B区和C区。之后A区的运动员持球。

评价正式开始：让A区的运动员把足球按照逆时针的方向传送至B区运动员处，而后B区运动员再把球传给C区的运动员，依次重复。传球的具体部位没有额外要求。如果发生球传出或弹出测试区外的情况，三名受评者可及时运球到测试区域，完成接下来的传球动作。测试时间为半分钟，计算的方式是在规定时间内，三名受评者之间的传球次数。

3.球门墙射准

（1）测评的主要目的

这种传球测评与上两种有所区别，是将得分与技术评定进行结合的综合考察。通过这种测评，帮助教师了解受评者左右脚定点射门的能力。

（2）场地与器材的要求

图5-1-3为球门墙射准测评示意图。器材：一个足球。测评场地：根据标准球门制作球门墙，其中内宽均分为7大块，而内高用鲜明线均分为3大块，并详细标明不同位置的得分。球门墙前要区分出两部分：罚球区与罚球弧，同时要将圆心确定为球门底线中点，16.5米为半径画弧。

（3）测评的具体方式

将四个足球放置于罚球弧线外侧，并将三个足球放置于罚球区两角弧线外侧。足球运动员需要完成左脚5个和右脚5个的射球动作，最后记录射中部位的所有得分，之后足球教师结合受评者的踢球质量，主要包括射门的脚法和射门的力量等来对受评者进行足球技术评定。

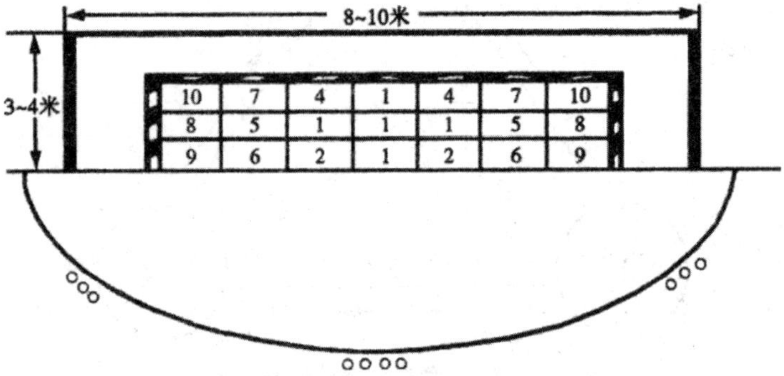

图5-1-3　球门墙射准示意图

（据《现代高校足球运动理论与技战术技巧研究》，车岳峰，2018年）

（4）注意事项

受评者站在正面观察射中部位来报告自己的所得分，一旦射中点正压在区分线上，那么就需要计算两个部分的平均分，之后再记录。

（二）足球接球与技术评价

有传球，自然有接球。在测评球员技术的过程中，接球技术是重要的组成内容之一。作为基本的足球运动技术，接球技术的测评工作基于受评者之间接球传准来进行，下面进行具体介绍。

1.接球的测评目的

主要评价受评者在4大方位低球和高球的接球技术，以及传球的准确性。

2.场地与器材要求

需要的器材：一块秒表和一个足球。场地要求：在正规球场上绘制一条白线，要求在5米以上。同时将该白线作为基准，在该线中间的部分侧面绘制一个接球区，要求为正方形且边长为3米。同时在该正方形区域的两边1米左右的地方再分别绘制1条和起始线垂直的线，并将其和接球区边线共同组合为测评场地的传球区域。

另外，在白线中间部分的另一边距白线中心，大概20米的地方，立一根标志杆，要求5米，同时将该杆作为中心，绘制两个同心圆，半径要求分别为1米和2米（图5–1–4）。

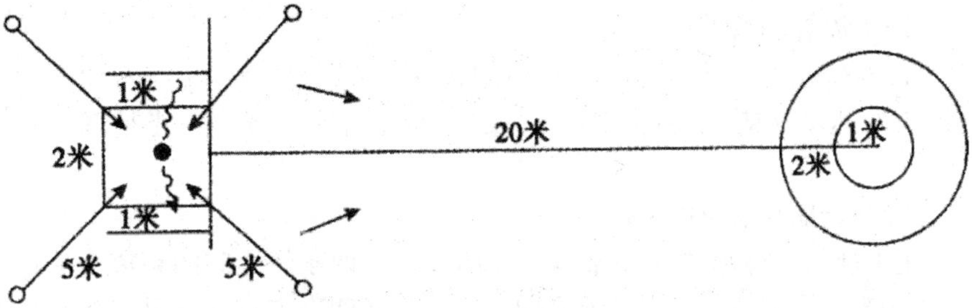

图5–1–4　接球技术示意图

（据《现代高校足球运动理论与技战术技巧研究》，车岳峰，2018年）

3.测评的具体方式

受评者要在接球区准备，分别接一个高球和一个低球，两个球都是从接球区对角线的延长线5米的所在位置传送的。之后，球员跑带球到规定的传球区，同时将脚下的球踢向标志杆。

如果球踢中标志杆和落点在中心圈，方可获得5分，如果落点在外圈那么受评者可以得到3分，一旦落点不慎在圈外，则该球没有得分。

另外，该评价要求，受评者接到球后，需要带球进传球区两次，一次向右、一次向左，并分别用右、左脚踢一次足球。

每一次项目测评共分三轮。每一轮为4个球。换言之，受评者完成该项测评需要完成12个足球的传接。测评从第一个球进入接球区开始，并开始计时，到运动员踢完第12个球停止计时。时间要求为1分钟。

需要注意的是，在测评过程中，运动员在传球区外踢球要额外扣1分，最终纪录受评者的得分和失分，计算总和。

4.测评的注意事项

如果受评者在接受测评过程中，并未在接球区完成接球任务，则应该将足球运回到接球区，然后再传送至规定区域踢准，另外，传球者也应需及时把球传到位。

（三）足球运球与技术评价

传球、运球和接球是一个完整的运动过程。因此，对于足球球员来说，运球也是非常重要的技术内容。运球的技术要点体现在折线、折返和转身三方面，同时这三点也是技术评价的基本内容。

1.折线运球的测评

（1）测评的目的

评价的标准主要是运球过程中的速度。具体来说，受评者需要用自身最快的速度从规定的起点出发，迅速通过折线区域，并将足球运送到终点。

（2）场地与器材的要求

在正规的足球场绘制两条线。具体要求：两条线之间的距离为平行且间距为9米。同时在一条线上绘制*A*、*C*、*E*、*F*四个点，并在另一条平行线上分设*B*、*D*两个点，在这里要注意的是，每条线上的不同点之间的距离一定要不等。（图5-1-1）。

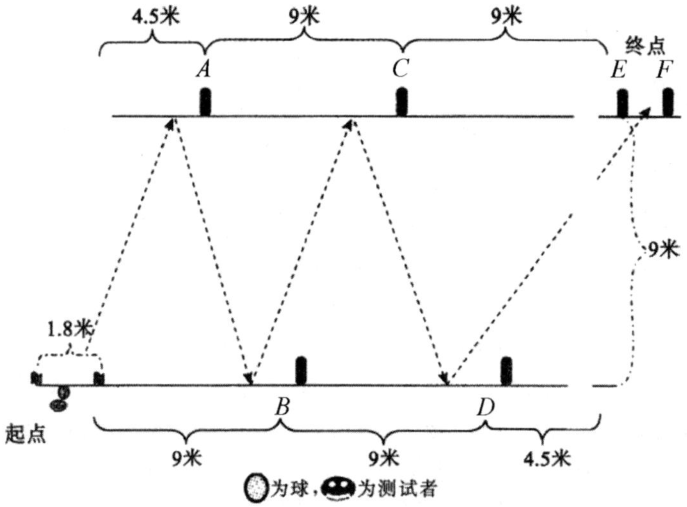

图5-1-5　折线运球示意图

（据《现代高校足球运动理论与技战术技巧研究》，车岳峰，2018年）

（3）测评的具体方式

受评者需要站在起点线后，计时从受评者开始运球开始，受评者需要根据测试场上的虚线轨迹来向前带球，同时根据顺序标志前过线后折线变向运球，在*E*、*F*之间的终点线之外要及时将球停住，计时结束是在受评者踩球后。

（4）注意事项

首先，受评者和足球都不能直接绕过标志物；其次，足球的本身应在运球折返的时候越过标志前的线；最后，在运球过程中，足球绝对不能和平行线上的标志有任何接触。

2.折返运球过杆的测评

（1）测评的主要目的

重点评价受评者是否达到熟练掌握运球技术的程度。

（2）场地与器材的要求

器材：一个足球和一块秒表。场地要求：在正规的场地上绘制两条线，且距离为20米，同时在两条线中间插立间距在1～3米范围内的10根标杆。

（3）测评的方式

与前文介绍的测评方式有一点显著不同：测评的开始由教师决定。换言之，受评者站在线外，时刻准备，直到教师发号施令，再从其起始线出发，向前运球，教师负责在旁纪录实践，此时，受评者需要从左右两侧依次穿过杆，直到将足球运到终点，之后，受评者还需要向反方向运球，将足球运到终点才算结束。

需要完整测试两次，记录最好的成绩（图5–1–6）。

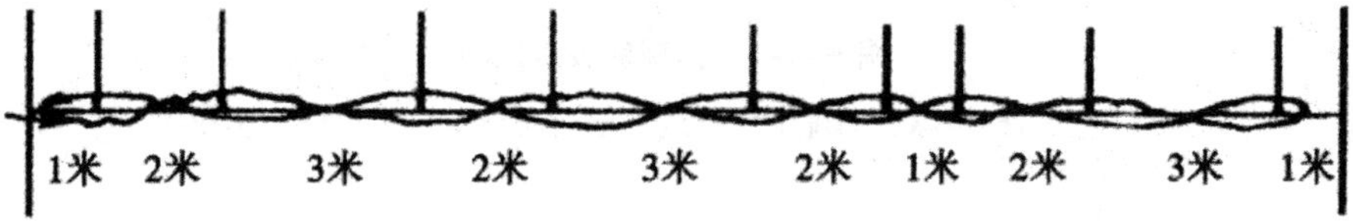

图5–1–6　折返运球示意图

（据《现代高校足球运动理论与技战术技巧研究》，车岳峰，2018年）

（4）注意事项

首先，教师在记录时间的时候应精确到0.1秒；其次，受评者在测评过程中不能把标杆碰倒；最后，如果受评者出现漏杆，则必须补过杆方可继续测试。

3.运球转身的测评

（1）测评的主要目的

该项测评主要为了更加准确地测试与评价，受评者在运球过程中的转身速度，以及运球动作的协调性。

（2）场地与器材要求

场地要求：正规足球场地。器材：一个足球和一块秒表。

（3）测评的主要方式

在规定的场地上进行白线的绘制，具体要求为：分别绘制两根，命名为*A*线和*B*线，保证两根线之间的距离为4.5米。

准备阶段，受评者需要持球站在A线的后面，教师需要在一旁纪录时间，当受评者开始运球时，计时开始，受评者需要将球从A线运至B线，再经过B线，受评者应立即转身从B线返回A线；再次通过A线后，立即转身回到B线，当最后一次从B线返回A线，同时踩球时，教师的计时才结束（图5–1–7）。

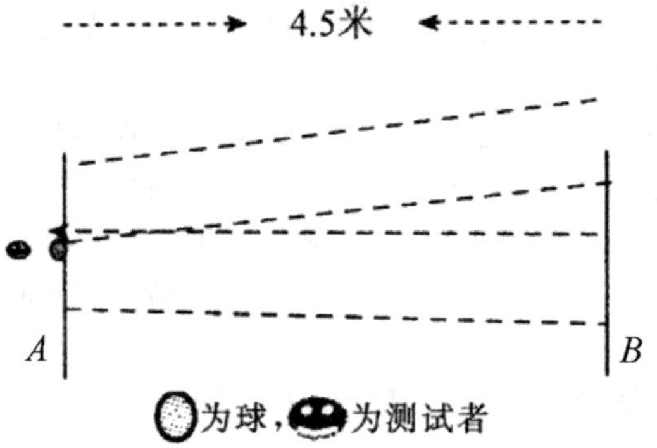

图 5–1–7　运球转身示意图

（据《现代高校足球运动理论与技战术技巧研究》，车岳峰，2018年）

（四）踢定位球技术评价

经常观看足球比赛的读者一定很了解定位球在竞技中的重要性。由此可见，球员是否具有扎实的定位球技术能力非常关键，下面进行具体阐述。

1.传定位球准确率的测评

（1）场地与器材的要求

在测评定位球之前，需要认真规划测评场地。首先，教师要在球场上设定一个圆心，并在圆心上放置标志杆。标志杆高度要求为1.5米，同时要在上面插上彩色的小旗子。其次，围绕圆心绘制两个同心圆，一个半径为3米，另一个为6米，并把传准的目标确定为带有彩色小旗的标志杆。

结合受评者实际的足球水平，适当调整同心圆的半径。将半径设置为25米，同时把传球的限制线规定为一条长弧，要求长度为25米，方向可以为规定同心圆的任意方向。

（2）测评的具体方式

首先，受评者应把足球放在传球的限制线上；其次，通过脚背的内侧向圈内传球，此时，只有足球落点在圈内或者圈线才算有效。依据受评者落点的差异，其对应的区域也会得到不同的分数，具体来说，足球的落点越靠近圆心，分数就会越高。

2.踢定位球准确率的测评

（1）场地与器材的要求

器材：一个足球。场地：在距“足球墙”下方中间部位20米处绘制一条和“足球墙”下方平行的限制线，3米为最佳。

（2）测评的具体方式

受评者首先要把足球放在限制线上，同时朝向“足球墙”将足球踢出去。此时，教师的评价依据便是受评者将足球踢向“足球墙”的准确性，并将成绩及时地记录下来。

（3）注意事项

地滚球是绝对不能出现的，但受评者在测评过程中可以将足球擦着地面直接射到“足球墙”上。

二、守门员的基本技术测评

在足球运动竞技场上，发起攻击，攻球入门的运动员固然风光无限，他们决定了比赛的去向，但足球守门员作为“守护者”，具有同样重要的作用。他们可以阻止对方进攻者的进球。

由此可见，守门员和发挥攻防作用的球员一样需要拥有扎实的足球基本技术。由于守门员的特殊性，其基本技术测评的内容和普通的球员有部分差异，下文将守门员的基本技术的评价内容进行逐一介绍。

（一）基本技术之持球踢准

1.测评的主要目的

持球踢准主要是评价身处守门位置的受评者在脚踢发球方面能否具备准确性。

2.场地与器材的要求

器材：一个足球。场地：正规足球场地。需要在球场中央绘制一个圆，要求直径为5米。并在场边线与中线交汇处的两个角落分别绘制正方形，要求小方形的边长为5米，大正方形的边长为8米（图5–1–8）。

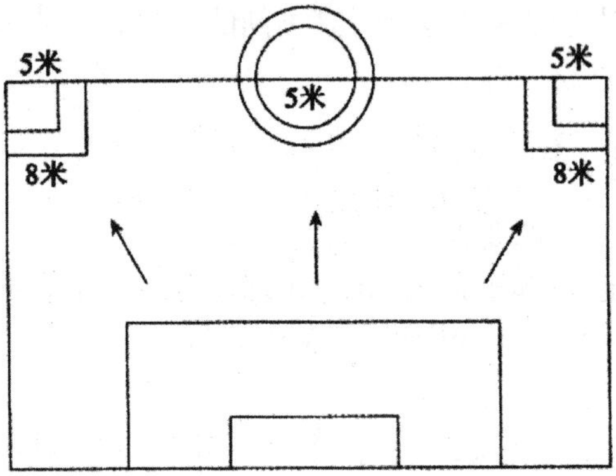

图5-1-8　持球踢准示意图

（据《现代高校足球运动理论与技战术技巧研究》，车岳峰，2018年）

3.测评的具体方式

首先，受评者要站在罚球区域内，持足球准备。之后，分别朝左后场和右后场两个方向踢三个球，同时，向中圈内踢4个球。根据足球落点的位置来评价受评者的持球踢准技术。具体来说，足球落点的位置距离规定区域越近，分数越高。若球落点在场外记0分，落点在场内记1分，落在小方形外大方形内、小圆外大圆内记2分；落在小方形和小圆内记3分。完成10个球后，教师记录10个球落点的总分。

（二）基本技术之防守定点射门

1.测评的主要目的

该项测评重点测试与评价受评者是否具备扎实的连续防守定点射门的扑接球技术能力。

2.场地与器材的要求

选择一个标准足球场。在罚球区内，绘制一弧作为考核区域，要求圆心为球门底线中点，半径为16.5米（图5-1-9）。

器材：一个足球。场地：正规的足球场地。

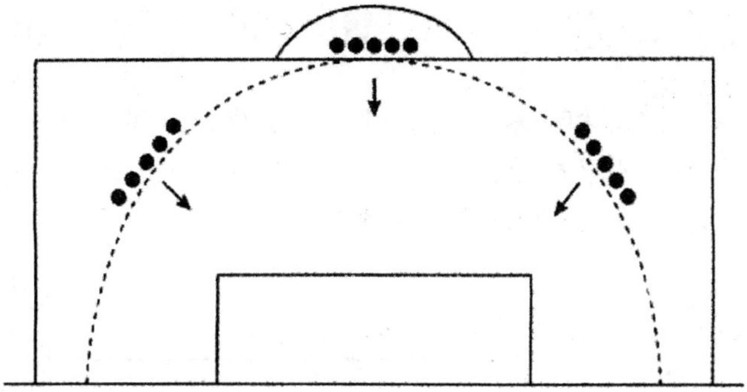

图 5-1-9　防守定点射门示意图

（据《现代高校足球运动理论与技战术技巧研究》，车岳峰，2018年）

3.测评的具体方式

该项测评不仅需要教师作为计时员、记录员和考核人员，而且还额外需要一名球员作为射手，帮助完成此项受评者的基本技术测试。

首先，需要在罚球弧线和罚球区域内两角弧线后分别放置五个足球。其次，教师作为发号施令者，每隔3秒需要告知射球者开始踢球射门。再次，受评者要充分利用不同的角度、力量和脚法来完成15个球的射门测试。最后，受评者根据来自不同方向的足球，分别从左侧和右侧把接到的球向外抛出。此时，教师需要考察、记录和计算受评者的防守成功率。

具体而言，教师需要先评价射手的射门平均质量，在优、良、中、差四个等级中给出评定，之后再计算守门员的得分，即分别对受评者的防守成功率乘以1、0.9、0.8、0.7，从而记录下受评者防守定点射门的成功率，此处可取整数。

4.注意事项

如果在测试过程中，射手不慎将球踢出界，应及时补踢。另外，如果受评者手触到了出界球，这种情况也属于防守成功。

（三）基本技术之扑定点球和发球

1.测评的主要目的

该项测评重点评价受评者是否能够准确扑定点球和手抛发球。

2.场地与器材的要求

器材：一个足球和一块秒表。场地：正规足球场。要求在球门区域内部绘制两个圆，要求直径为2米，圆心为罚球区两角连线的延长线外5米处。同时，要求在球门区域的两个角落分别放置4个足球。

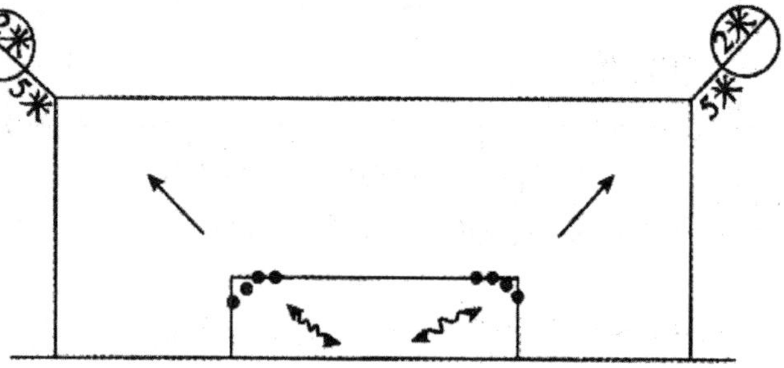

图5-1-10　扑定点球并发球示意图

（据《现代高校足球运动理论与技战术技巧研究》，车岳峰，2018年）

3.测评的具体方式

该项测评的计时由受评者自己决定，即当受评者从球门底线的中点出发起。受评者应先朝右侧倒地扑右角球，后立即起身，随时准备好朝向左方圆内扑定点球。在扑完朝向左角方向的球之后，受评者需要起身跑回底线中点，测试在受评者完成8个扑定点球动作后结束。每一个球的落点都发到圆外加计1秒，教师最后根据受评者完成8个球的总时间来记录、考核和评价。

三、足球运动员的综合技能评价

对于想要成为一名优秀足球运动员的人来说，足球运动的综合技能也是不可或缺的能力。下文将重点介绍足球运动员综合技能评价的相关内容。

（一）进攻技能评价

无球进攻技能评价与有球进攻技能评价为足球运动员进攻技能的基本内容。

1.无球进攻的技能评价

①球员需要利用各种假动作来突破对方球员的防守。

②球员需要利用多种方式，如跑位、突破、策动等，帮助队友完成进攻。

③球员需要在没有带球奔跑的过程中具体展现出一定的战术意识，甚至是足球战术的执行程度。

2.有球进攻的技能评价

①球员应在拿到球后，第一时间完成细致、全面的场面观察并组织完成一次进攻。

②球员应具备传球目标，同时在传球中是否积极、充分地使用各种传球技巧。

③球员应具备在合适的时机，正确选择进攻的方法。

④球员应具备在射门前，迅速找到合适的射门时机，并使用恰当的射门角度来完成射门等。

（二）防守技能评价

盯人防守技能评价与区域防守技能评价是防守技能评价的基本内容。

1.盯人防守技能评价

①球员应有正确、合适的由攻转守意识，同时还要使用正确的盯人方法。

②球员不仅需要在盯人过程中，时刻准备好进行封堵、延缓、抢截和补位，而且这种意识需要强烈表现出来。

③球员应灵活面对场上情况，盯人选位也合适，并使用正确的紧逼或松动方法来盯人。

④在盯人防守中，球员还依旧具有强烈的整体和局部的防守意识。

2.区域防守技能评价

①球员应积极正确地使用各种防守动作，如防守选位、封堵、延缓、抢截等。

②球员应具备一定的区域防守意识，并在千变万化的球场中完成防守区域的有效控制。

③球员应具备强烈的补位、协同意识，并恰当使用，同时球员还要具

备整体防守意识。

（三）守门员的技能评价

守门员的防守技能、进攻技能和教练员评定队员战术意识的分级标准是守门员技能评价的核心内容。

1.守门员防守技能评价

①守门员应对技术动作进行明确判断，同时恰当使用该技术动作，从而完成防守。

②无论是处理定位球，还是全场比赛过程中，守门员都应正确找到一定的位置开展防守。

③守门员应有效控制罚球区，尽可能规避罚球区的全部风险。

2.守门员进攻技能评价

守门员应根据时机充分利用发球技术来组织进攻，一旦拿到球权，守门员应第一时间发动快速反击。

3.教练员评定队员战术意识的分级标准

①战术意识不足的球员等级为较差。

②具备一定的战术意识，但还有提升空间的球员等级为一般。

③可以做到基本合理地运用战术的球员等级为较好。

④具备全面的战术意识，同时能够在实际比赛过程中积极且恰当地使用战术，并取得明显的效果的球员等级为好。

⑤做到在比赛中熟练运用平时练习的战术，同时将其变为比赛中的总体战术核心，并能够抓住时机，发动全面的防守与进攻战术的球员，等级为突出。

第二节　高校足球运动教学与训练的身体素质评价

对于任何一项体育运动来说，较好的身体素质都是提高专项能力的基础，而足球这种需要激烈身体对抗的运动对运动者的身体素质要求更为严格。换言之，高校学生想要加强高校足球运动的实力，提高自己的身体素质是成功的关键。本小节就将从身体素质训练的基本内容开始对高校足球运动教学与训练的身体素质评价进行介绍。

一、身体素质训练概述

在竞技体育世界里，身体训练是所有体育比赛项目训练的基础。足球运动也不例外。过硬的身体素质才能保证球员在长达90分钟，甚至更长时间的比赛过程中，充分调动肌体，积极运用各种足球技术和战术来获得比赛的胜利，不断促进球员的身体全面发展。

具体来说，通过身体素质训练，形成物质条件，使球员可以熟练掌握足球运动所需的各种战术和技术动作。同时，适量的身体素质训练可以帮助球员时刻保持一个兴奋的竞技状态，从而全面改善球员的运动机能，并积极发挥自身具备的足球战术和技术水平。

与此同时，在一定强度的身体素质训练下，球员的综合运动能力能够得到进一步提高，同时还可以增加球员的运动寿命，并降低运动中发生创伤的概率，甚至起到培养球员坚毅顽强的优良品质的作用。

在上文的相关介绍中，可知足球运动的对抗性和竞技时的激烈程度要求球员拥有长时间快速奔跑的速度和耐力，尤其是无数次换位要求球员要完成高强度且具有间歇性的反复冲刺跑。由此可见，足球运动的运动量和运动强度在竞技体育项目中并不小。同时，由于足球运动比赛赛制的独特性，足球比赛间的间隔时间也不算长，球员无法像部分项目比赛的运动员一样得到充分的体能恢复时间，足球运动对球员的身体素质要求更高。换言之，球员的身体素质直接影响球员日常足球技术和战术的发挥，所以足球比赛的胜负在一定程度上也取决于球员的身体素质。

如今，足球运动发展得尤为迅速。足球运动的“全面型”也越来越明显，具体而言，现代足球运动的发展方向为全面防守和全面进攻。从这一点来看，足球运动员想要获得好的成绩，身体素质至关重要，而身体训练在日常足球训练中的比重越来越大。与此同时，足球运动的战术和技术水平也在不断发展，身体训练亦是如此。为摆脱“片面性”的标签，现在的身体素质训练也在追求“全面性”，并且结合足球运动自身的各种特征，开展多方面的素质训练，如耐力、灵敏、速度、力量、柔韧等。通常，身体素质训练会使用具有较大的运动强度及节奏的训练方法。这与以往注重速度、协调、力量和柔韧的训练方法截然不同。总之，现代化身体素质训练也在促进球员身体素质的综合发展。

综合分析近年来世界杯等大型足球比赛的情况，在争抢、变向奔跑、协调和拼抢等方面，球员的水平有了显著提高，这也提高了现代足球运动的观赏性。出现这种现象的主要原因正是球员的身体素质的提高与上升。

经过科学家研究，想要提高足球技战术水平，积极有效的途径之一便是科学开展足球运动训练。有效良好的身体训练可以起到预防或减少运动损伤，以及防止运动损伤的作用。另外，科学的足球运动素质可以保护，甚至延长球员的运动寿命。

根据足球运动的种种特征，不同的身体素质对应着不同的作用及重要的意义。具体而言，球员想要开展足球战术，那么高速和一定的力量则是基本支撑；而如果球员想要在全场比赛中充分施展自身较高水平的竞技能力的话，那么除了速度，耐力也是必不可少的。所以，竞技水平越高的球员越需要扎实开展身体素质的各项训练。具体在提高身体素质的训练过程中，教师和学生都应该将不同素质之间所产生的各种作用和影响予以充分考虑，从而使身体素质训练真正起到提高学生综合身体素质的目的。

二、足球运动员力量素质评价

足球运动员力量素质评价主要包括以下五方面内容：俯卧撑，仰卧起坐，引体向上，掷界外球，以及助跑单脚纵跳。

（一）力量素质评价：俯卧撑

1.测评的主要目的

重点测评与评价受评者的臂力。

2.测评的主要方式

准备：受评者以俯撑的姿势作为起始动作。

步骤：通过自身的双手的手掌和双脚的前脚部位，支撑起自身，将自己的身体维持在一个直线平衡的状态，之后双臂弯曲，让肢体向下，全程需要将全身维持在一条直线上，屈臂的度数等于或小于90度。完成上述全部动作记为完成一个俯卧撑练习。直到球员体力用尽，教师在旁记录球员完成的个数，10个为合格，15个为中等，18个为良好，22个为优秀。

（二）力量素质评价：仰卧起坐

通常，仰卧起坐的场地要求较高，需要受评者坐在体操垫上或草皮场上来完成该项测评。

1.测评的主要目的

该项测评重点测试和评价球员的腰部力量。

2.测评的主要方式

准备：受评者需要先仰卧在垫上，大腿和小腿弯曲并垂直。受评者的两只手相互交叉合于脑后，双臂紧贴耳部。同时，需要另一名球员按压住受评者的脚腕。

步骤：教师发号施令，受评者开始收紧腹部，使头部向上抬起。每当受评者的双肘接触到膝盖处，则记为完成一个仰卧起坐。

（三）力量素质评价：引体向上

1.测评的主要目的

该项测评重点测试和评价受评者的臂力。

2.测评的主要方式

准备：需要单杆作为测评器材。

步骤：受评者需要跳起，同时双手向上伸，握住上方的杠。动作细节为掌心要朝前，拇指也要相对。受评者的身体状态要与地面自然垂直，尽量使身体呈一条向下的直线。受评者需要双臂弯曲，身体向上，使臂力成为拉动全身向上运动的力量。当受评者面部的下颌在向上运动的过程中超过杠面时，记为完成一个引体向上。

（四）力量素质评价：掷界外球

1.测评的主要目的

该项力量素质评价的主要目的分为两方面：一方面，更为准确地测试和评价受评者的上肢力量、腰腹力量和下肢力量；另一方面，测试和评价受评者的身体协调性。

2.测评的主要方式

准备：器材为一个足球；正规的足球场则是基本的测试场地；另外，需要提前规定好界外球的规格要求。

步骤：根据相关动作规则，受评者应站在线外，并用双手将足球举过头顶，并向目标区域用力投掷，完成两次界外球投掷动作之后，教师根据记录的成绩，取最佳成绩作为该项考核的评价标准。

（五）力量素质评价：助跑单脚纵跳

1.测评的主要目的

重点测试和评价受评者的下肢力量。

2.测评的主要方式

助跑单脚纵跳的场地要求很简单，平坦规整即可。首先，受评者要站在墙边准备。测试开始，受评者的双脚的脚跟要紧贴地面，同时两只手向上举起，并进行记录，做一个记号。其次，受评者要站离墙边，同时单脚向上起跳，手向上伸，并接触墙面，记录最高点，做第二个记号。上述全部动作为一次完整的助跑单脚纵跳评价。最后，重复三次动作，并从所有成绩中选取最佳记录下来作为评价成绩。

三、足球运动员速度素质评价

足球运动员速度素质评价重点涉及以下内容：三角跑，5×25米折返跑，30米绕杆跑。

（一）速度素质评价：三角跑（10米×3）

1.测评的主要目的

该项测评重点测试受评者变向跑的灵活能力。

2.测评的具体方法

首先，在平坦点的地面上绘制出一个等边三角形，要求边长为10米，同时将其中一个角的顶点作为三角跑测试的起始点和终点（图5-2-1）。

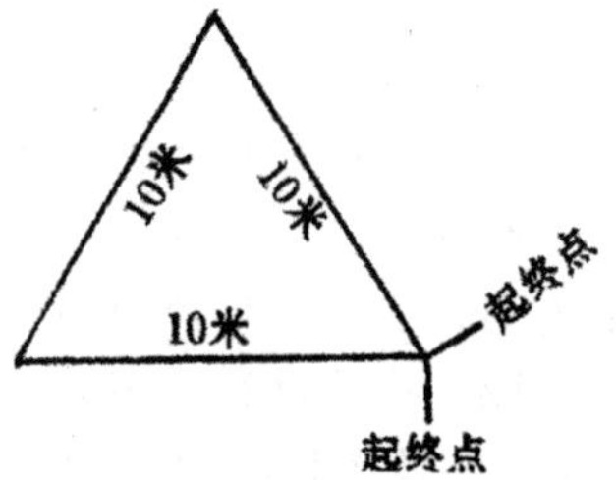

图5-2-1　三角跑（10米×3）

（据《现代高校足球运动理论与技战术技巧研究》，车岳峰，2018年）

步骤：首先，教师发号施令，受评者即从规定好的起点出发，奔跑顺序为顺时针。完成三个10米的跑动，即三角形的一周之后，更换奔跑方向，逆时针跑动。受评者跑至终点，计时结束，教师记录时间。在这里要提醒的是，一旦受评者在测试过程中不慎脚踩到边线，则计时停止，重新开始测试。

（二）速度素质评价：5×25米折返跑

1.测评的重要目的

该项测评重点测试和评价受评者折返跑的速度和耐力素质。

2.测评的主要方式

该项测评的场地要求较为严格，需要在6米×25米的场地内绘制白线，要求在间隔5米的距离绘制6米长的线。具体的步骤：受评者要听从口令，从起始点出发跑动到直线5米处，之后立即返回，之后再从起始点出发，奔跑到10米处，再次返回起始点，而后再依次跑到15米、20米和25米。在受评者跑完全程后，教师按下秒表，测试结束（图5-2-2）。

在这里需要注意的是，一旦受评者在测试中出现失误，即跑动中并未踩线或滑道，计时停止，受评者要返回起点重新测试。通常，两次测试之间要间隔五分钟，以免因体力影响成绩。受评者完成2次运动测试后，取最佳成绩进行记录。

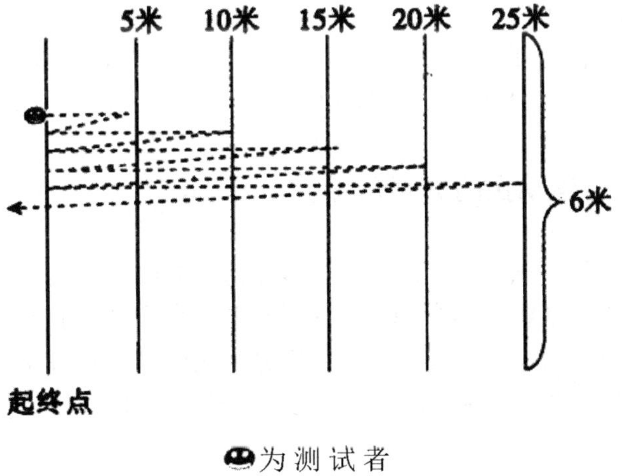

图5-2-2　5×25米折返跑

（据《现代高校足球运动理论与技战术技巧研究》，车岳峰，2018年）

（三）速度素质评价：30米绕杆跑

1.测评的重要目的

该项测评重点测试和评价在完成30米绕杆跑的过程中，受评者身体的协调性与灵敏性。

2.测评的主要方式

图5-2-3为30米绕杆跑的测评方式示意图。具体而言，教师需要在正规场地的空地处进行标志旗杆的摆放，同时标志旗杆之间的距离一定要不同。测试开始，受评者立即从一侧旗杆处向前方奔跑。

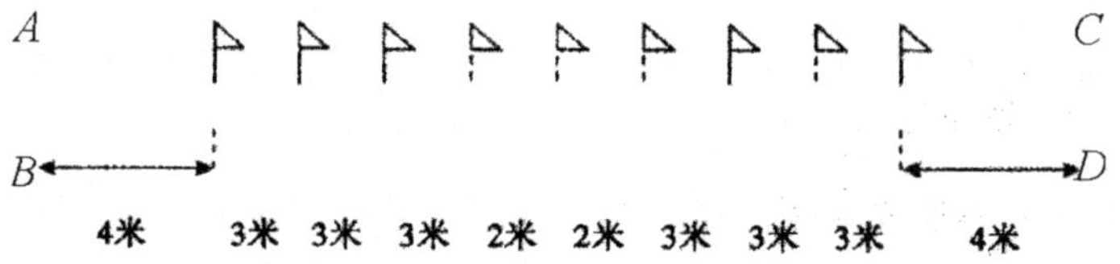

图 5-2-3　30米直线不同间距绕杆跑

（据《现代高校足球运动理论与技战术技巧研究》，车岳峰，2018年）

在这里需要注意的是，该项测试的准备姿势要求为站立式。另外，该项测试不需要教师发号施令，开始时间完全由受评者决定。但有一点，受评者在绕杆过程中，不能投机取巧，务必在绕过所有旗杆后，再跑到终点，并同时停止计时。

与此同时，受评者需要完成2组测试，要求间隔时间为2分钟。最后，教师在记录下来的2组成绩中，选择最佳成绩进行评价。

四、足球运动员耐力素质评价

耐力是任何一项体育运动项目实践的前提素质。尤其是足球这类需要在一定时间内，全程不休奔跑全场的混合型综合项目要求球员具有较强的耐力素质。具体来说，耐力素质可被细分为速度素质耐力及有氧耐力两大类。对于足球运动员来说，这两种耐力素质缺一不可。

（一）耐力素质评价：YOYO跑

1.测评的重要目的

重点测试和评价受评者在场上变向跑的耐力能力。

2.测评的主要方式

YOYO跑，全称为“YOYO耐力测试”。具体而言，该项测试要求在田径跑道进行测试。

步骤：教师应先在正规跑道上绘制两条白线，并要求两条线之间的距离为20米。该项耐力测试同样需要受评者使用站立式的姿势完成起跑。测试开始，受评者应从绘制的线后迅速跑至另外一条白线。这里要注意的是，受评者在进行往返跑的过程中，必须根据录音机播放的YOYOTEST录音带的节奏进行测试。同时，要在听到节奏鸣叫的瞬间，踩到规定的线，换言之，受评者要根据节奏踩线。一旦，受评者在测试过程中无法根据听到的节奏踩线，则被视为犯规，第一次发生上述情况，教师要给予警告，出现第二次的犯规情况，教师应要求受评者立刻停止跑动，根据记录的跑动时间，为受评者跑动的时间评分，如9分40秒是合格，10分50秒是中等，11分30秒是良好，而12分则是优秀档次。

（二）耐力素质评价：12分钟跑

1.测试的重要目的

该项测评重点测试和评价受评者耐久跑的能力。

2.测评的主要方式

该项测试要求在正规运动场地上进行。受评者需要绕场地（400米）一圈跑动，教师发号施令，受评者立即向前跑动，教师同步记录实践。过12分钟后，教师立即发出口令，计时完成，而受评者也同步完成跑动。教师要进行标记，最后教师计算受评者在12分钟内的跑步成绩，并根据成绩进行耐力的评价。

（三）耐力素质的评价：固定距离的跑动

1.测评的重要目的

该项测评重点测试和评价受评者的有氧耐力能力。

2.测评的具体方式

该项测试需要在正规的足球场地进行。首先，受评者应在教师的具体要求下进行跑动测试，如依照顺序前进跑动、侧向跑动、后退跑动、转身跑动和障碍跑开展测试。起始时间由教师掌握，当教师发号施令，受评者应尽全力在最短时间内，完成整个测试的循环跑动（图5–2–4）。

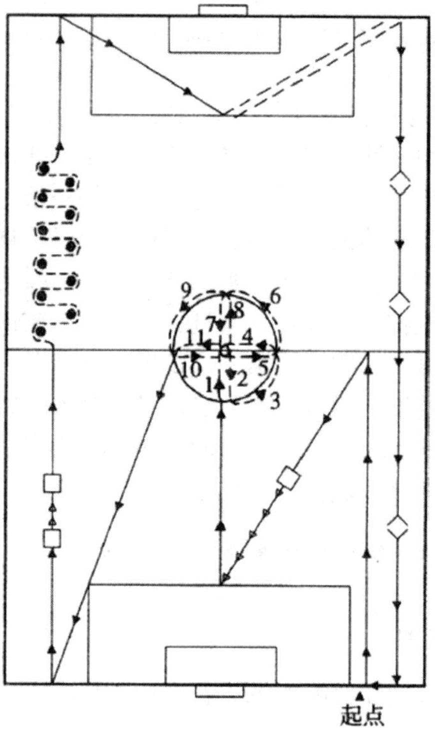

图 5–2–4　足球场地中评价路线

（据《现代高校足球运动理论与技战术技巧研究》，车岳峰，2018年）

五、足球运动员柔韧素质评价

柔韧素质是六大综合素质中最容易被忽略的一项。事实上，柔韧性训练也是培养身体素质的重要一环。具体来说，在足球比赛中，柔韧性即球员的肢体柔韧性加上肢体的协调性。这是因为想要加大动作的幅度，不断提高动作的威力、技术的有效性，加强球员的肢体柔韧性是一项积极途径。

与此同时，为提高球员的运动寿命，尽可能避免运动损伤的出现，以及增加足球动作的力量，科学有效地进行柔韧素质评价也是日常一项基本的身体素质测评内容。

具体而言，足球运动中的柔韧素质测评多使用直立摸低的常规方式开展。步骤如下：首先，受评者要先站在垂直的台阶上，其次，受评者的双腿要并拢站直，同时，脚尖要尽可能和台阶的前端保持平齐。此时，受评者的上半身应向前屈体，手臂也不能弯曲，应伸直，并让双手尽可能沿着台阶向下触摸，而受评者的脚尖也应尽量向前方触摸。

评价的方法：教师进行记录和评价，以台阶平面边沿为零点，向上是负值。教师需要测量的距离是受评者指尖摸到的最低点距零点之间的距离。等级标准：7cm是及格，13cm为中等，18cm为良好，23cm为优秀。

六、足球运动员灵敏素质评价

在涉及各个方面的身体素质中，灵敏素质是运用最为频繁的一种。想要提高运动员控球的能力与截击球的能力，良好的灵敏素质必不可少。由于球员在日常身体训练中要开展多种冲刺、快速跑，包括折线、曲线和直线，为确保跑步训练的有效进行，灵敏素质必不可少。

（一）灵敏素质评价：3米交叉步摸地

1.测评的重要目的

该项测评主要对足球守门位置的受评者的灵敏性与协调性进行评价。

2.测评的主要方式

受评者在起始点做好准备，等待教师的口令，受评者应在两条绘制的白线之间进行往返跑的测试，此时应运用交叉步快速完成，并且方向要保持不变。注意，在进行测试的过程中，受评者每一次仅能用一只手触摸线。测试时间限定为30秒，评价的内容是受评者触摸边线的次数。为确保成绩的准确性，通常要测试两次，教师取受评者最佳成绩即可。

3.注意事项

首先，受评者在测试过程中要穿着胶鞋。其次，受评者在进行往返跑的过程中，务必要触摸边线。然后，受评者在记录过程中，可具体精确到

0.5次。

（二）灵敏素质评价：3米侧滑步

1.测试的重要目的

该项测评重点测试和评价受评者快速横向移动的灵活性。

2.测评的主要方式

该项测试可一次完成多人的评价，以测试2～4人最为常见。受评者应先站在正规场地绘制好的两条边线之间。同时，一脚踩线，受评者在接受教师命令后，受评者要在边线之间往返跑，要求在往返跑过程中一只脚必须踩边线。评价的标准就是在规定时间内，踩线次数最多的人为胜利者。

3.注意事项

首先，受评者务必要穿着胶鞋参加测试。其次，在往返过程中，踩到边线是基本要求；最后，计时应精确到0.5次。

第三节　高校足球运动教学与训练的自我评价

对于足球运动学习者来说，通过自身素质指标来测试自身的运动能力，是穿插在日常训练中的一项重要的自我评价。普通学生也同样可以利用标准来测试自己的运动能力。

一、足球运动员体适能的自我评价

每日规律的生活方式，球员可将其作为重要参考，并根据对应的活动指数进行计算（表5–3–1），而后再使用强度×时间×次数来计算总分，并将其作为参考来对体适能进行分门别类（表5–3–2）。

另外，倘若计算后的活动指数的总分大于40，则应加大运动训练的强度、时间和次数。

表5-3-1　足球运动员活动指数表

指标	分值	日常活动
时间	4	超过30分钟
	3	20~30分钟
	2	10~20分钟
	1	低于10分钟
强度	5	持续用力呼吸和出汗
	4	断续用力呼吸和出汗
	3	中度用力呼吸和出汗
	2	中等强度
	1	低强度
次数	5	每天或几乎每天都活动
	4	每周3~5次
	3	每周1~2次
	2	1月数次
	1	1月不超过一次

表5-3-2　足球运动员体适能类别对比表

总得分	评价	体适能类别
100	积极活动的生活方式	优秀
80~100	活动的和健康的	良好
60~80	活动的	好
40~60	较满意	一般
20~40	不很够	差
低于20	不活动	很差

二、足球运动员技战术运动能力的自我评价

在运动练习过程中，球员可借助等级评价与级别来综合评价自己在接球、运球、传球、颠球、射门以及防守方面的实际能力。

（一）接球评价

表5-3-3为足球运动员接球运动能力的自我评价的等级及级别。

表5-3-3　足球运动员接球技术能力的级别认定

等级	级别认定
优良	可依据接球技术动作的意识实际规定，球员的接球超前性、战术性、风险性等意识需要达到相互配合且恰当使用，同时可达到熟练使用接球和传球的实用传接球技术动作的水平，传接球配合顺利，从而完成一次默契的进攻性接球
合格	可以根据常见的接球技术动作要求完成动作，具备基本的传球意识，能够及时注意相应的目标；在面对拦截的情况下，顺利完成接球动作
差	未能掌握接球的技术要领；无法正确判断来球；使用接球技术不够熟练，造成失去控球权，或使对方完成一次有威胁的进攻动作

（二）运球评价

足球运动员运球技术能力的自我评价等级及级别认定参考表5-3-4。

表5-3-4　足球运动员运球技术能力的级别认定

等级	级别认定
优良	技术动作能够正确运用并具有运动员本身的特色，在运球时有明确的目标，有极强的战术意识；能有效掌握时机，发起个人的突袭性进攻；能有效利用运球技术优势，进攻性运球能给对方造成直接威胁
合格	能有效摆脱防守干扰，为寻找合适的传球、射门机会而主动或被动发起一次运球；如果运球效果或进攻机会良好就可以记入优良，如果主动运球造成严重失误的可记入下一等级
差	运动员不能有一个很好的传球心态，没有团队意识，没有明确目的，战术意识差，以及运球时机选择有误，浪费有利运球时机或酿成一次险情，造成严重后果的

（三）传球评价

足球运动员传球运动能力的自我评价等级及级别认定参考表5–3–5。

表5–3–5　足球运动员传球技术能力的级别认定

等级	级别认定
优良	传球脚法大体准确，动作较为规范；能够选择恰当的传球时机和区域，动作可体现自身的传球技术意识要领；球员之间有一定的默契度；传球落点要到位，富有进攻威胁性
合格	传球技术动作大体正确，较为恰当地使用传球技术；传球时机和区域相对良好，有一定的球员配合意识；进攻性一般，或能够积极处理区域赛况
差	技术动作不规范，传球技术的意识未能体现，脚法不规矩，传球时机不当，传球不准确，甚至造成因未能控制球权而使对方获得进攻机会

（四）颠球评价

1.原地颠球评价

表5–3–6为足球运动员原地颠球评价的参考标准表。具体而言，球员需要不间断地完成颠球动作，一旦足球落点，或手接触到足球，颠球训练立刻停止。测试的评价标准是根据足球接触受评者身体不同部位的次数来评定的。通常，受评者可完成两次，取最佳成绩。

表5–3–6　原地颠球评价参考标准

次数	50	40	30	25	20	15	13	11	9	7	5	3	2
得分	100	95	90	85	80	75	70	65	60	55	50	45	40

2.12个部位颠球评价

表5–3–7为12部位颠球评价参考标准表。12个部位分别是头、肩、胸、大腿、正脚背、脚内侧、脚外侧等。在测评过程中，受评者如要换触球部位，可使用其他任何部位来调整。通常，测评不会具体规定12个部位触球的顺序。

评定成绩一般以可触球的部位为准。如果在测试过程中，足球落点或手触摸到足则停止颠球训练。每一名受评者完成两次，取最佳成绩。

表5-3-7　12部位颠球评价参考标准

部位	12	11	10	9	8	7	6	5	4	3	2
得分	100	95	90	85	80	75	70	65	60	50	40

3.行进间颠球评价

该项评价同样可运用头、肩、胸、大腿、脚等不同部位来完成向前行进、连续颠球动作。

评定的标准根据受评者在行进间连续颠球的距离来计算，同上述两种颠球评价测试一样，如果手接触到足球，或足球落地则停止颠球运动。评定的标准以最后一次明显控制住球的触球为依据。每名球员有两次机会，取最佳成绩（表5-3-8）。

表5-3-8　行进间颠球评价参考标准

距离（米）	40	38	36	34	32	30	28	26	24	22	20	18	16
得分	100	95	90	85	80	75	70	65	60	55	50	45	40

（五）射门评价

表5-3-9为球员射门运动能力的自我评价等级及级别认定。

表5-3-9　足球运动员射门技术能力的级别认定

等级	级别认定
优良	射门动作标准；射门动作干净利索、不拖拉，可有效创造射门时机，射门技术动作正确；可使用各种射门动作，如抢点、凌空射门、铲射、补射、头顶球等；这里要注意的是，优良的标准与是否进球无关；如果射门动作符合战术意识，射门过程中跑位得当，也可归档到优良
合格	射门动作较为标准和合理，有一定的连贯性；通常，可使用标准的常规性技术动作来射门，如顺势起脚射门或进行有威胁的远距离射门
差	未能掌握射门技术动作，不能正确掌握射门时机，而且在封堵严密、射门死角、距离过长等情况下勉强射门，导致射飞

（六）防守评价

表5-3-10为足球运动员防守运动能力的自我评价等级及级别认定参考表。

表5-3-10　足球运动员防守战术能力的级别认定

等级	级别认定
优良	表现了良好的防守意识，及时把握场面情况，积极有效地开展超前意识的抢位、占位以及补位；同时，积极面对丢球，可在第一时间快速地掌握自身处置，通过各种技术动作，起到延缓对方进攻的作用，甚至能够防固本队防线，尽可能阻止对手完成快速反击；另外，可以恰当正确地使用紧逼、堵截、抢断等足球运动技术；所有可以达到破坏对手进攻的行为都可被认为是一次成功的防守
合格	未出现影响胜负走向的防守性失误；具备一定的防守意识；可以积极正确地进行防守跑位；可及时恰当地完成抢位、占位、补位等行为；另外，充分利用场上有效的防守技术动作完成紧逼、堵截、抢断等行为，达到延缓对手进攻速度的作用
差	防守反应缓慢，不具备防守意识；无法恰当及时地进行抢位和占位；甚至出现在回到防守区域时，因未能正确判读对手进攻方向、路线，或是因完成抢位动作，而和本队球员出现“重叠”，导致对方发现防守漏洞，使对方形成一次威胁的进攻行为

参 考 文 献

[1]何志林. 足球教学训练工作指南[M]. 北京：人民体育出版社，2010.

[2]王民享，吴金贵.现代欧美足球训练理念与方法[M]. 北京：北京体育大学出版社，2011.

[3]马铮. 高校足球学练方法解析[M]. 哈尔滨：哈尔滨地图出版社，2009.

[4]曲晓光. 现代足球训练理念诠释与应用[M]. 广州：华南理工大学出版社，2009.

[5]黄竹杭，王方. 足球训练设计[M]. 北京：高等教育出版社，2010.

[6]王崇喜. 球类运动：足球[M]. 3版. 北京：高等教育出版社，2014.

[7]汤信明. 足球运动教学与训练[M]. 武汉：华中科技大学出版社，2012.

[8]刘丹. 足球运动训练与比赛监控的理论及实证[M]. 北京：人民体育出版社，2012.

[9]常智. 体育管理理论与实践[M]. 北京：北京师范大学出版社，2010.

[10]朱宏庆. 足球技战术分级教学研究[M]. 济南：山东大学出版社，2010.

[11]王向宏. 体能训练理论与方法[M]. 北京：北京航空航天大学出版社，2010.

[12]秋鸣，赵人英. 足球"ABC"[M]. 北京：北京体育大学出版社，2009.

[13]刘丹，赵刚. 青少年足球训练纲要与教法指导[M]. 北京：人民体育出版社，2011.

[14]樊文刚，李建伍，袁春泰. 球类运动教学与训练[M]. 北京：中国商务出版社，2009.

[15]冯涛. 足球教学设计与训练实践研究[M]. 长春：吉林大学出版社，2017.

[16]孟东明，莫祥德，符运猛. 高校足球教学实践研究与理论指导[M]. 北京：中国书籍出版社，2014.

[17]李亮. 高校足球实用技战术教学与训练研究[M]. 北京：中国书籍出版社，2014.

[18]文智. 足球教学训练实践[M].北京：光明日报出版社，2016.

[19]车岳峰. 现代高校足球运动理论与技战术技巧研究[M]. 北京：中国纺织出版社，2018.

[20]金国文. “三从一大”训练原则在校园足球教学中的应用探析[J]. 赤峰学院学报（自然科学版），2015，31（08）.

[21]肖东君. 内蒙古普通高校足球训练现状与对策研究[J]. 内蒙古师范大学学报（哲学社会科学版），2011（1）.

[22]劳勇先. 浅谈高校足球教学存在的问题及对策[J]. 当代体育科技，2014，4（33）.

[23]刘宗祥. 高校足球专项学生运动损伤预防研究[J]. 科技通报，2013，29（5）.

[24]李毅. 高校足球选修课教学的突出问题及改进措施[J]. 当代体育科技，2012，2（31）.

[25]毕岩智. 足球技术历史变革及其发展趋势的初步研究[D]. 扬州：扬州大学，2010.

[26]史贵名. 创新教育在体育院校足球教学中的应用研究[D]. 长春：东北师范大学，2009.